기독교문서선교회 (Christian Literature Center: 약칭 CLC)는 1941년 영국 콜체스터에서 켄 아담스에 의해 시작되었으며 국제 본부는 미국 필라델피아에 있습니다.
국제 CLC는 59개 나라에서 180개의 본부를 두고, 약 650여 명의 선교사들이 이동 도서차량 40대를 이용하여 문서 보급에 힘쓰고 있으며 이메일 주문을 통해 130여 국으로 책을 공급하고 있습니다. 한국 CLC는 청교도적 복음주의 신학과 신앙 서적을 출판하는 문서선교기관으로서, 한 영혼이라도 구원되길 소망하면서 주님이 오시는 그날까지 최선을 다할 것입니다.

MZ사역자가 쓴

MZ세대와 한국교회

*The MZ generation and the Korean church,
written by the MZ generation ministry*
Written by Ezekiel
All rights reserved.
Korean Edition Copyright ⓒ 2024 by Christian Literature Center, Seoul, Korea.

MZ 사역자가 쓴 MZ 세대와 한국교회

2024년 4월 25일 초판 발행

지 은 이　|　에제키엘

편　　집　|　이재면, 추미현
디 자 인　|　서민정, 이보래
펴 낸 곳　|　(사)기독교문서선교회
등　　록　|　제16-25호(1980. 1. 18.)
주　　소　|　서울특별시 동대문구 천호대로71길 39
전　　화　|　02-586-8761~3(본사) 031-942-8761(영업부)
팩　　스　|　02-523-0131(본사) 031-942-8763(영업부)
이 메 일　|　clckor@gmail.com
홈페이지　|　www.clcbook.com
송금계좌　|　기업은행 073-000308-04-020 (사)기독교문서선교회
일련번호　|　2024-38

ISBN 978-89-341-2676-8 (03230)

이 책의 출판권은 (사)기독교문서선교회가 소유합니다.
신저작권법에 의하여 한국 내에서 보호를 받는 저작물이므로 무단 전재와 무단 복제를 금합니다.

MZ세대와 한국교회

세대 사역자가 쓴

MZ GENERATION & KOREAN CHURCH

에제키엘 지음

CLC

CONTENTS

프롤로그   6

제1장   MZ사역자가 본 MZ세대   13

1. MZ세대의 역사   13
2. MZ세대의 특징 1: 개인주의   20
3. MZ세대의 특징 2: 진짜주의(실용주의)   24
4. MZ세대의 특징 3: 열심주의(현실주의, 향락주의, 패배주의)   29

제2장   MZ사역자가 본 크리스천 MZ세대   34

1. MZ세대의 특징 1: 개인주의, 장점과 단점   34
2. MZ세대의 특징 2: 진짜주의, 장점과 단점   39
3. MZ세대의 특징 3: 열심주의, 장점과 단점   43

제3장   MZ사역자가 본 한국교회   49

1. 교회란 무엇인가?   49
2. 한국교회의 역사   58
3. 한국교회 목회자의 삶   105

제4장 MZ세대와 교회 하나되기 　　　　　　　　**129**

1. 청년들의 헌신에 대하여 　　　　　　　　130
2. 율법주의에 대하여 　　　　　　　　134
3. 교회 커뮤니케이션 문화에 대하여 　　　　　　　　138
4. 교회 공동체에 대하여 　　　　　　　　143
5. 교회의 정치참여에 대하여 　　　　　　　　148
6. 성도와 사역자의 관계에 대하여 　　　　　　　　153
7. 선교단체 소속 성도와 교회의 관계에 대하여 　　　　　　　　157
8. 주일성수에 대하여 　　　　　　　　163
9. 십일조에 대하여 　　　　　　　　168
10. 사역자의 처우에 대하여 　　　　　　　　176

프롤로그

   2023년 어느 날, 나는 심적으로 힘들고 지쳐있었다. 감당하기에 버거운 교회 사역과 뜻대로 되지 않는 인생 그리고 미래에 대한 두려움과 재정에 대한 걱정 등 많은 것이 나를 압도하고 있었다. 당시 나는 포기하고 싶었고, 일단 나에게 쉼을 주면서 다시 한번 내 인생을 돌아보고 싶었다. 하지만 현실은 그럴 수 없었다. 비바람이 불고 태풍이 치는 상황 속에서 나는 그저 눈을 감고 그 모든 것을 맞으며 서 있었어야 했다. 그 자리에 서서 그저 숨만 쉬며 버텨야만 했다. 이것이 하나님의 뜻이었기 때문이다.

   나는 비바람에 온몸이 흠뻑 젖었고, 태풍에 온몸이 이리저리 휘청였다. 그런데도 피할 곳이 없었고, 그저 이 시간이 지나가는 것 말고는 아무런 방법이 없었다. 그러나 놀라운 사실은 내가 단지 그 자리에 서서 숨만 쉬며 버텼을 때, 그 태풍과 비바람은 어느 순간 맞을만한 것이 되어 있었다. 그리고 태풍과 비바람을 이겨낼 힘이 생기기 시작했고, 어느 순간 태풍과 비바람은 그쳤음을 보았다.

   당시의 경험은 내 인생의 새로운 시즌을 맞이하게 만든 경험이었다. 앞으로 다가오는 세상의 풍파와 고난 앞에서 어떻게 살아야 할 것인가를 정리하는 시간이자 하나님의 부르심 앞에서 어떤 태도를 보일 것인지를 결정하는 시간이었다.

현실에 파묻혀 살아갈 것이냐?

아니면 나의 부르심을 향해 인내하며 묵묵히 태풍과 비바람 속에서도 나아갈 것이냐?

이때 나는 후자로 사는 것이 어떤 것인지를 배웠다. 그리고 이 부르심을 향해 달려가기 위해서 나는 나를 깨고, 상황을 깨고 나아가야 했다. 이 책은 이런 결단에서 시작됐다.

나는 다음 세대와 청년을 사랑한다. 아마도 평생 이들을 위해 살아갈 것 같다. 동시에 나는 한국교회도 사랑한다. 교회야말로 하나님께서 가장 사랑하시는 하나님의 자랑이자 기관이기 때문이다.

나는 나를 깨고 내가 사랑하는 다음 세대와 청년 그리고 한국교회를 위해서 나를 드리기로 했다. 하나님의 부르심을 향해 나를 드리기로 했다. 그런데 요즘 한국교회 안에서 다음 세대와 청년들이 교회를 떠나가고 있다는 뉴스를 자주 접한다. 교회를 떠나가는 이들은 말한다.

"교회는 너무 율법주의적이에요."
"교회 안에서보다 교회 밖에서 더 자유로움을 느껴요."
"교회 안에서의 관계는 너무 형식적이고 진실하지 못해요."
"저는 교회 안에서 더 이상 상처받고 싶지 않아요."

"교회에서 저는 헌신이라는 이름 아래 무일푼 노동자로 인생의 절반을 보냈어요."

이것이 MZ세대가 교회를 향해서 하는 말이다. 이와는 다르게 교회에 속한 목회자와 기성 세대는 MZ세대를 향해 말한다.

"우리 교회 청년들은 너무 법이 없어요. 하나님 말씀보다 자기 마음대로 살아가는 것 같아요."
"요즘 청년들은 너무 자유로워서 컨트롤이 되지 않아요."
"청년들이 교회 공동체에 소속되려 하지 않아요."
"아무리 청년들에게 다가가도 요즘 청년들은 관계가 깊어지지 않아요."
"요즘 청년들은 너무 바빠서 헌신하지 않습니다."

똑같은 상황에 대해 다음 세대 및 청년들과 교회 안 사역자들의 관점은 너무나도 달랐다. 시중에는 많은 MZ세대에 대한 책과 한국교회에 관한 책이 있다. MZ세대를 분석하는 책도 있고, 크리스천 MZ세대를 어떻게 섬겨야 할 것인가에 관한 책도 있다. 또한, 한국교회에 관해 분석한 책들, 한국교회의 미래에 관한 책들도 보았다.

다 필요한 책이지만 뭔가 조금 아쉬웠다. MZ세대와 한국교회가 서로를 이해하고 하나 될 수 있도록 연결해 주는 책은 찾아볼 수 없었다.

나는 88년생으로 밀레니엄 세대에 속하는 MZ세대다. MBTI를 과학처럼 여기고, 이기주의가 아닌 개인주의적 성향을 갖고 있으며, 워라벨을 중요하게 생각하고, 인내심이 부족해 "존버"('최대한 오래 버틴다'는 신조어)를 선택해야만 하는 청년이다.

동시에 나는 한국교회와 선교단체에 속해 10여 년을 지낸 사역자다. 선교단체에서 다양한 청년과 다음 세대를 섬겼고, 한국교회에서도 70여 명 되는 작은 교회에서부터 5,000명이 넘는 대형교회까지 경험하며 다양한 청년과 청소년을 만나고 경험했다.

MZ세대와 한국교회 사이에 있는 자로서 나는 둘이 하나 되기를 소망한다. 그리고 양쪽의 입장을 동시에 이해하는 자로서 이들 사이의 연결 고리가 되고 싶었다. 하나님의 부르심에 대한 순종과 한국교회 및 MZ세대를 사랑하는 마음에서 시작된 것이 바로 이 책이다.

이 책은 총 네 챕터로 구성되어 있다.

제1장 'MZ사역자가 본 MZ세대'
MZ세대는 어떤 특징을 가진 세대인지 이야기하고자 한다.

제2장 'MZ사역자가 본 크리스천 MZ세대'
MZ세대 중에서도 크리스천 MZ세대는 누구인지, 이들의 삶은 어떤 삶인지 나누고자 한다.

제3장 'MZ사역자가 본 한국교회'
한국교회의 사역자 입장에서 한국교회의 역사와 한국교회 목회자의 삶에 대해 나누고자 한다.

제4장 'MZ세대와 교회 하나되기'
MZ세대와 한국교회 모두를 향해 각각의 주제에 대한 기준을 제시해 보고자 한다.

사실 이 책을 쓰면서 많은 고민이 있었다.
'과연 내가 이 책을 쓸 수 있을까?'
'그리고 쓰기에 합당한 사람인가?'
그렇지만, 책을 쓰면 쓸수록 부족하지만, '누군가에게 조금이나마 도움이 된다면 해 보자' 하는 생각이 들었다. 양측의 전문가들이 보기에는 논리적으로나 내용적으로 부실한 부분도 있을 것이고, 또 동의하지 않는 부분도 있을 것 같다. 그런 부분은 참고용으로만 받아들이고 이 책을 쓴 취지를 생각하며 이해해 주시기를 바란다.

이 책이 있기까지 정말 감사한 분이 많다. 필명으로 책을 내기에 감사한 분들의 이름을 나열하지 않으나, 그럼에도 한 사람에게만큼은 꼭 감사한 마음을 전하고 싶다.

이 세상에서 보잘것없이 방치된 삶을 살고 있던 내 곁에서 힘이 되어주고 사랑으로 끝까지 함께해 준 나의 아내에게 진심으로 감사의 마음을 전하고 싶다.

MZ GENERATION & KOREAN CHURCH

제1장

MZ사역자가 본 MZ세대

1. MZ세대의 역사

MZ세대를 향한 말이 참 많다. 하물며 요즘에는 개그 프로그램에서도 MZ세대에 관한 내용을 넣지 않으면 허전하다고 느낄 만큼 너도나도 MZ세대에 대해 이야기한다. 시중에도 MZ세대를 겨냥해서 많은 책이 나오고 있다. 오늘날 한국에서 손꼽히는 화두 중 하나가 MZ세대라는 것에 대해서는 큰 이견이 없을 것이다.

『한국 교회 트렌드 2023』이라는 책에서 대부분의 세대 분류 전문가는 MZ세대의 특성을 다음과 같이 세 가지로 꼽는다.

"디지털 네이티브"

"개인주의적 성향"

"현재 지향적 성향"

MZ세대를 이해하는데 있어서 중요한 키워드이긴 하지만 나 역시도 MZ에 속한 자로서 나 자신에게 이 세 가지를 대입해 보면 일정 부분 맞지만 어딘가 MZ세대를 제대로 설명하지 못한다는 생각이 든다.

MZ세대를 제대로 이해하기 위해서는 먼저 시대와 역사에 대한 흐름을 읽는 것이 필요하다. 하지만 이 책의 중요한 논점이 아니기 때문에 짧게 이야기하고자 한다.

역사 속 많은 혁명은 시대와 나라를 바꾸었다. 무엇보다 가장 중요했던 혁명은 프랑스 혁명(1789~1794)이다. 역사학자들은 프랑스 혁명을 기점으로 중세와 근대를 나누는데, 중세 봉건주의가 신 중심적이면서 질서와 계급을 중요시했다면, 프랑스 혁명과 르네상스를 거치면서 세상은 자유와 평등을 주창하게 됐다. 질서와 계급을 무너뜨리고 '자아'라는 개념이 이때부터 부각되기 시작했다.

데카르트는 이렇게 말했다.

"나는 생각한다. 고로 존재한다."

프랑스 혁명은 '자아'라는 개념, 즉 신으로부터 독립된 자아의 중요성을 부각시켰으며, 이후 베이컨은 '아는 것이 힘이다'라고 말하며 성경 말씀 아래에서 모든 것을 해석했던 중세사회에 과학지식이 우위를 점하도록 만드는 데 있어 시발점이 되었다.

갈릴레오 갈릴레이는 천동설(우주의 중심에 지구가 있다)로 살아가던 세상에 지동설(태양을 중심으로 지구가 회전한다)이라는 새로운 관점을 제시했고, 이는 당시 천동설적 해석이 가능한 성경의 권위를 무너뜨리고 과학과 지식 권력 중심으로 옮겨가는 데 있어서 결정적인 역할을 했다.

이러한 과정을 통해 계몽주의가 시작되었다.

계몽주의란 무엇일까?

> 16~18세기에 유럽 전역에 일어난 혁신적 사상으로 교회의 권위에 바탕을 둔 구시대의 정신적 권위와 사상적 특권과 제도에 반대하여 인간적이고 합리적인 사유(思惟)를 제창하고, 이성의 계몽을 통하여 인간 생활의 진보와 개선을 꾀한 사상.

시대는 신 중심에서 인간 중심으로, 성경 말씀 중심에서 과학과 지식 중심으로, 질서와 계급보다 자유와 평등을 중요하게 생각하는 방향으로 나아가게 됐다(오해하지 않길 바란다. 계급을 나누는 것은 하나님께서도 싫어하시는 일이다. 성경은 철저하게 하나님 아래에서 모두가 평등하나, 공동체를 위해 리더를 두고 리더의 질서에 따라 움직이는 기능적 계급에 대해 말하지 존재적 계급을 말하지 않는다).

계몽주의적 사상은 우리나라 역사 속 여러 과정을 통해 전해지게 되었는데, 1950년 6.25 전쟁 이후 미국이 남한을 분할 점령하게 되면서 스며들게 되었다. 교육시스템은 프랑스 혁명 이후의 교육시스템, 즉 모든 학문의 끝에 성경을 비치해 두고 성경적으로 맞는지 안 맞는지 분별하던 성경 중심적 시스템이 아니라 모든 학문은 가치중립적이라는 기치 아래 과학과 지식을 가장 중요하게 생각하는 교육 시스템이 접목되었다.

물론, 한국 사회는 유교 사상이 바탕을 이루는 사회였기에 처음부터 이런 교육시스템이 제대로 정착되지는 않았지만 분단 후 70년이 넘는 시간 동안, 변화되고 개혁된 교육 시스템은 프랑스 혁명 이후부터 시작된 자유와 평등사상, 가치 중립적 학문 탐구의 방향으로 나아가게 됐다.

처음부터 프랑스 혁명과 함께 시작된 교육개혁의 모토는 그대로 전해져 오늘날의 사회까지 영향을 미치게 됐고, 이로 인해 오늘날의 MZ세대라고 불리는 세대는 '하나님으로부터의 자유'와 '하나님 없는 평등' 사상을 그대로 습득하며 자유와 평등의 가치 아래 가장 개인주의적인 존재가 되었다.

프랑스 혁명 이후 시작된 모더니즘이 신 존재로부터의 독립된 개인이라는 개념을 통해 자아와 이성, 자유, 평등 등의 가치를 부각했다면 시대를 거쳐 근래에 나타난 사조는 포스트모더니즘이라고 불리는 탈근대 사상이다. 이는 모더니즘이 가진 이성 중심주의에 대한 회의적 시각으로 인해 나타난 사상 및 정치적 경향이다. 모더니즘은 이성이 가장 중요한 요소가 되면서 이성에 따른 합리성, 규칙, 권위 등이 가장 큰 가치였다.

그러나 제1차 세계 대전(1914~1918)과 제2차 세계 대전(1939~1945)을 거치며 전 인류는 인간 이성과 합리성에 한계가 있음을 깨닫고 이제는 이성으로부터도 벗어나야 한다고 외친 것이 바로 포스트모더니즘이다.

포스트모더니즘의 핵심 가치는 이성보다 감성(반이성), 탈권위, 실용주의 등이다. 이성이나 상식보다는 내 감정이 중요하고, 그렇기에 서로에 대한 다양성은 당연히 인정해야 하는 영역이라고 보는 것이다.

이는 오늘날 MZ세대가 주류를 이루는 사회 속에도 깊이 침투해 탈권위 현상과 함께 자기 감정에 따라 살아가는 현상을 만들게 됐다. 오늘날 MZ세대로 인해 학교에서 교사의 권위가 무너지는 이유, 권위자가 말을 했을 때 그대로 받아들이고 순종하기보다 '왜요?'라고 말하는 이유 그리고 가끔은 비상식적이고 기준이 없는 선택이라고 여겨지는 행동을 하는 이유는 이런 포스트모더니즘 사상으로부터 받은 영향이라고 볼 수 있다.

끝으로 프리드리히 빌헬름 니체(1844~1900)라는 사상가에 대해서도 짧게 보고 넘어가려 한다. 사상의 큰 흐름은 중세에서 근대로, 근대에서 포스트모더니즘이라고 불리는 현대로 넘어왔다. 앞에서 그 과정을 다루었다면 그와 함께 근현대사상사에서 반드시 다루어야 할 존재가 니체다.

그는 인간 삶의 참혹함과 인간존재의 한계를 바라보며 반문했다.

"이 땅에 신이 존재한다면 어떻게 이런 사회를 그냥 보고 있을 수 있는가?"

그리고 말했다.

"신은 죽었다!"

우리를 도울 수 있는 신이 죽고 없으니 우리는 이제 어떻게 해야 하는가?

그는 말했다.

"나를 보호하고 도와줄 신이 없기에 이 땅에서 살아가려면 내가 신이 되어야 한다. 철인과 같은 존재가 되어서 survival, 생존해야 한다."

프랑스 혁명과 르네상스를 거치면서 '자아와 이성'이라는 개념이 부상하게 됐다면, 니체에 의해서는 자아 중에서도 '인간의 의지'라는 개념이 부상하게 됐다.

이로 인해 인간은 모두가 신이 되기 위해 노력하고 한계를 뛰어넘어야 한다는 기조가 생겨났고 이는 자연스럽게 인간계발, 자기계발, 성공이라는 가치를 향해 달려가도록 만들었다. 가장 가치 있는 인생은 내 삶의 영역에서 신이 되어 내 삶을 통제하는 것이 최고의 인생이라는 것이다.

오늘날의 많은 사람이 자본주의 시스템과 니체의 '철인', '초인'론이 합쳐지면서 이 세상은 누구나 다 성공하고, 자신의 이름을 알리고, 나아가 신과 같은 존재가 되기 위해 달려가고 있다.

이렇게 인류의 역사는 계속해서 인간의 '혼'의 영역에 속하는 이성-감성-의지를 높이는 방향으로 흘러왔다. 이것이 바로 오늘날 인본주의적인 세상이라고 불리는 시대사조를 만들었고, 오늘날의 MZ세대의 특징을 만들게 된 근본적인 이유다. 더 나아가 인류는 시대가 흐르면 흐를수록 '나'가 신이 되는 방향으로 나아가고 있다.

중세 시대	근대 시대	후기 근대(현대)	니체의 사상
신 중심	인간 자아와 이성 중심	인간의 감정 중심	인간의 의지 중심
비합리성	합리성	다양성	초월성
교황과 왕의 권위인정 (신정정치)	(신으로부터) 자유 (신 없는 인류의) 평등 탈 기독교	탈권위 (모든 권위로부터)	개인이 권위자
절대주의	계몽주의	상대주의 (절대가치란 없다)	초인론 (신은 죽었다)
봉건주의	개인주의	진짜주의 (실용주의)	열심주의 현실주의 향락주의 패배주의

2. MZ세대의 특징 1: 개인주의

MZ세대는 누구보다 자신을 더 가치 있게 생각한다. 하지만 그렇다고 해서 자기 자신밖에 모르는 꽉 막힌 개인주의는 아니다. 세대 분류 전문가들도 MZ세대의 특성으로 개인주의를 꼽았는데, 이들이 말하는 개인주의도 '자기밖에 모른다'는 개념으로 생각하지는 않았을 것이다.

기본적으로 기성 세대가 말하는 개인주의는 공동체주의와의 비교 가운데 나온 것이다. 그렇지 않다면 어떤 세대는 공동체적이고 어떤 세대는 개인주의적이라는 비교 자체가 불가능하기 때문이다. 기성 세대가 상대적으로 공동체적이니 오늘날의 MZ세대가 개인주의적이라고 표현하는 것인데, 이는 다른 선상에서 바라봐야 한다. MZ세대의 개인주의는 앞에서도 말했지만, 기본적으로 자유와 평등이라는 개념에서 시작된다.

독립된 자아로서의 자유와 서로에 대한 평등의 가치를 중요하게 생각하는 것이지 결코 이기적인 것만은 아니다. MZ세대가 지하철이나 버스를 탔을 때 어른들에게 자리 양보를 잘 하지 않는다며 "요즘 것들은 잘못 배워먹었다"라고 말하는 기성 세대를 보게 된다. 이는 잘못 배운 게 아니라 다르게 배운 것이다.

이것은 이기적인 것이 아니라, 평등사상에 근거한 행동 양식이다. 오히려 MZ세대의 관점에서 보면 나이가 더 많다고 해서 의자에 앉을 수 있는 권리를 가진 것처럼 행동하는 어른들은 평등사상에 맞지 않는 꼰대로 여겨진다.

MZ세대는 기성 세대와는 다르게 부모와 자녀의 관계 또한 평등사상에 근거한 모습을 보인다. 그래서 부모님을 부를 때도 "아버지, 어머니"라고 부른다거나 존댓말을 쓰기보다는 "아빠, 엄마"라고 하며 친근한 호칭으로 부모와 대화한다.

또한, 선택을 할 때도 기성 세대는 자녀에게 권위를 통한 강요를 어느 정도 일삼았다면 오늘날 MZ세대는 부모가 권위주의적으로 행동할 경우, 마음의 문을 닫고 관계에 문제가 생길 수 있다. 아무리 부모라 하더라도 나의 자유를 존중해줘야 한다고 생각하는 것이 MZ세대다.

"자유와 평등"이라는 두 가지 사상은 어떤 면에서 보면 서로 공존할 수 없는 가치이다. 자유는 개인의 어떤 선택이든 존중하는 것이지만, 평등은 모두가 같아야 한다는 것을 말하기 때문이다.

그래서 MZ세대 안에는 두 가지 부류의 사람이 존재한다.

첫째, 개인의 취향이 너무나 분명해서 개성이 강한 부류
둘째, 공동체와 비슷한 모양으로 살아가는 부류

MZ세대 중 자유를 추구하는 사람들은 자신의 끼를 발휘하고, 가치를 실현하며 자기 의사 표현을 하고자 한다. 이

러한 성향을 가진 오늘날 MZ세대의 꿈 1순위가 유튜버라는 사실은 다들 한 번씩은 들어봤을 것이다. 자신이 하고 싶은 말과 행동을 누군가에게 나타내고 싶은 마음을 거침없이 표현할 수 있는 장이 유튜브이기 때문이다.

이에 반해, 평등의 가치를 추구하는 MZ세대는 서로가 같아야 한다는 생각으로 인해 남의 눈치를 보며 공동체가 선택하는 것을 선택하기도 한다. 대표적인 예가 있다. 예전에 유행했던 '노스페이스 바람막이'나 '나이키 범고래 신발' 등이다. 너도나도 같은 제품을 사서 입고 신었는데 이는 MZ세대 안에 있는 "이것을 하지 않으면 넌 우리와 달라"라는 보이지 않는 선과 기준에 의한 것이라고 볼 수 있다.

앞에서 이야기한 자유를 추구하는 부류처럼 완전히 다르지 않고 엉성하게 비슷한 사람들은 왕따의 표적이 되기도 한다. 다를거면 다르고 같을거면 같아야지 엉성하게 비슷하면 오히려 문제가 된다.

또한, 자유와 평등사상 사이에서 갈피를 못 잡은 채 나타난 자들의 모양 중 하나가 '자발적 아싸'라는 것이다. 많은 사람과 잘 어울려 지내지만 정작 자신은 '아싸'라고 말하면서 실제로는 자신의 솔직하고 진솔한 모습은 잘 보여 주지 않는 부류가 자기를 이렇게 표현한다.

자유롭기를 원하나 평등사상에 근거해 '다르면 안 된다'는 생각에 따라 자신을 다 드러내지 못하며 공동체에 발만 걸치고 있는 자들이 자신을 스스로 부르는 표현이다.

MZ세대는 이처럼 단순히 '개인주의적이다'라고 표현하기에는 여러 가지 요소가 작용하고 있는 설명하기 어려운 세대다. 한 가지 사상, 유교라는 위계질서와 예를 중시하던 이전 세대는 모두가 같은 사상 안에서 큰 문제 없이 살아갈 수 있었지만, MZ세대는 그렇지 않다. 이들은 이들 스스로조차도 자신이 왜 그런지 모른 채, 설명할 수 없는 채 살아가는 자들이기도 하다.

3. MZ세대의 특징 2: 진짜주의(실용주의)

많은 MZ세대 청년을 만나며 느낀것은 불합리한 상황이 벌어지면 그것이 문제라고 인식하는 경향을 보인다. 기성세대는 불합리하거나 잘못된 일이 있어도 그것을 관행으로 보거나 '어디든 다 그래'하며 쉬쉬하는 경향이 있지만 MZ세대는 그렇지 않다. 아닌 것은 아니고 맞는 것은 맞다.

평등사상의 가치로 보았을 때, MZ세대는 다른 사람이 불합리하게 혜택을 누리거나 또는 불공정한 상황에 부닥치는 것을 눈뜨고 넘어갈 수 없다. 이들은 누구나 평등하고 공정해야 한다고 생각하기 때문에 가짜가 작동하고 있는 것을 바라볼 수 없다. 그래서 MZ세대는 진짜주의로 인해 공론화를 중요시한다. 가장 옳고, 정의로운 것을 찾는데, 그 과정조차도 투명해야 한다.

예를 들어, 교회에서 한 해 재정을 사용할 때, 그 재정이 어떻게 사용됐는지 아는 것뿐만 아니라, 나아가 이들은 자신들에게도 내용이 공유되기를 바란다. "뭐 좋은 곳에 잘 사용했겠지 …" 하며 믿고 맡기는 기성 세대와는 다르게 MZ세대는 재정이 옳은 곳에 사용되는 것과 함께 자신들에게도 공유됨으로 인해 평등한 공동체의 일원으로서 인정받기를 원한다.

혹여나 문제가 생길 경우에도, 서로가 상처를 받을 수도 있으니 덮어놓고 가자는 기성 세대와는 다르게 이들은 공론화의 과정을 통해 올바른 절차를 거쳐 문제를 해결하는 것을 더 가치 있게 여긴다.

오늘날 정치에 참여하는 2030 MZ세대가 많아진 것은 단순히 정치권이 젊은 정치를 한다는 색깔을 나타내기 위함만은 아니다. 이들은 자신의 목소리를 내고 공론화하며 가장 옳다고 생각하는 것을 추구하려 한다. 그래서 점점 더 많은 MZ세대가 정치에 참여하고 있다.

한때, 청년들이 교회를 떠나는 이유에 대해 기독교계에서 많은 이야기가 오갔다. 그중에서 가장 큰 이유는 목회자에 대한 실망 때문이라는 의견이 압도적이었다.

『한국 교회 트렌드 2023』에 '기독 청년의 출석 교회 불만족 이유'에 대한 조사가 있다. 1~4위까지를 보면 여러 가지 이유가 있는 것처럼 보이지만 '진짜를 추구함'이라는 관점에서 보면 1~4위 모두 다 똑같은 이유 때문이다.

1위: 교회지도자들의 권위주의적인 태도(34.9%)

2위: 시대의 흐름을 좇아가지 못하고 고리타분함(31.4%)

3위: 교인 간에 사랑이 없는 형식적인 관계(25.6%)

4위: 교회지도자들의 언행불일치의 삶(23.3%)

가짜에 대한 혐오 또는 가짜에 대한 실망감에서 나타난 행동이자 결과가 이 조사를 통해 나타나고 있다. 어쩌면 교회가 가장 교회답기를 바라고 진리가 진짜 진리로서 우리에게 실제가 되기를 바라는 세대는 MZ세대 일지도 모른다.

MZ세대는 MBTI에 유독 열광하는 모습을 보인다. 이 역시도 진짜를 추구하기 때문이다. 진짜 나 자신이 어떤지 그리고 상대방이 어떤지 이해하는데 있어서 MBTI가 도움이 되기 때문이다. 앞에서도 나눴지만, 개인주의적 성향으로 인해 MZ세대는 쉽게 자신의 모습을 잘 드러내지 않는다. 또한, 그렇기 때문에 상대방에 대해 이해하는 데에도 한계가 있다.

그러나 MBTI는 가장 손쉽게 상대방에 대해 이해할 수 있는 최고의 도구 중 하나다. 누군가를 소개받거나 새롭게 사람을 만나면 기성 세대는 요즘으로 치면 개인정보라고 불릴 수 있는 이름, 나이, 학벌, 출신 등을 먼저 묻지만 MZ세대는 MBTI를 먼저 묻는다. 배경을 보기보다 이 사람이 어떤 사람인지 궁금해하는 것, 바로 MZ세대의 진짜주의적인 모습이다.

진짜주의로 인해 나타난 또 다른 현상은 기성 세대가 볼 때는 환승이라고 불리는 현상이다. 유교사상에 입각해서 봤을 때는 남녀가 헤어진 후 바로 다른 사람을 만나는 것은 정말 비인간적인 일이자 욕먹어 마땅한 일처럼 보인다.

하지만 MZ세대는 그렇지 않다. 헤어진 지 얼마나 시간이 지났는가보다 내가 어떤 사람과 헤어졌다는 사실, 진짜가 더 중요하다. 헤어졌으면 헤어진거다. 바로 다른 사람을 만날 수 있는 상태가 된 것이다. 그래서 어제 누군가와 헤어졌더라도 바로 다음 날 다른 사람을 만나는 것이 MZ세대다.

내가 알고 있는 한 청년 자매가 있다. 이 자매는 3년이 넘는 시간 동안 교제한 형제가 있었지만 헤어지고 채 한 달도 되지 않아 바로 다른 형제에게 마음이 가기 시작했다고 한다. 그 청년 자매는 크리스천이다. 이것은 과거 유교 사상적 관점에서 보자면 '어떻게 그렇게 사랑이 쉽게 변하니?'라고 말할 수 있지만 진짜주의적인 MZ세대에게 이것은 어떤 문제도 되지 않는다.

왜냐하면, 내가 최선을 다했고, 이미 관계가 끝났기 때문에 얼마든지 새로운 사람을 만날 수 있다. MZ세대의 탈권위는 단순히 윗사람에 대한 것뿐만 아니라 윗세대의 문화를 향해서도 일어나고 있다.

진짜주의를 통해서 MZ세대를 바라볼 때, 한 가지 또 중요한 것은 '실용주의'다. 포스트모더니즘으로 인해 감정에 대한 영역이 주목받으면서 자연스럽게 따라온 것은 실용주의다. 과거에는 합리성이 중요해 명분이나 의미가 중요했다면 이제는 나의 감정이 만족하는 것이 더 중요하기 때문에 실용적이고 내 마음에 합당한 것이 곧 정답이 되는 것이다.

그래서 오늘날 많은 MZ세대가 일찍이 학교를 자퇴하거나 대학진학을 하지 않고 자신이 꿈꾸는 것에 도전하는 경우를 보게 된다. '어차피 학교에서 공부도 하지 않는데 시간 낭비하며 있어봤자 뭐하나?'라는 생각에 자신이 꿈꾸는 길을 일찍부터 선택하는 것이다.

끝으로 진짜주의 안에는 기본적으로 주입된 '다양성'이라는 가치가 존재한다. 탈권위는 곧 다양성이라는 결과를 가져오게 했다. 이것은 다양한 감정뿐만 아니라 삶의 방식에 대해서도 마찬가지다.

예를 들어, MZ세대 안에서 자주 입에 오르는 말이 있다. '싫존주의'라는 말이다. 이는 '타인이 싫어하는 것조차도 존중해 준다'는 의미다. 남들이 싫어한다고 하는 것이 설령 내가 좋아하는 것일지라도 그것을 강요하지 않고 '그것은 그 사람의 의견이니 존중해 줘야 해'라는 것이 MZ세대 안에서는 불문율처럼 지켜지는 것이다. 그래서 어쩌면 이런 모습이 '너는 너, 나는 나'처럼 비칠 수 있지만, 사실은 다양성의 가치가 실현되어 '너도 존중, 나도 존중'을 말하는 것이다.

4. MZ세대의 특징 3: 열심주의(현실주의, 향락주의, 패배주의)

단군 이래 가장 스펙이 좋은 세대는 어느 세대인가?

바로 MZ세대다. 세대 분류 전문가들은 MZ세대가 현재 지향적 성향이 있다고 했는데 이는 MZ세대에 대해 절반만 알고 하는 말이다. 이들은 현재지향을 하고 싶어서 하는 게 아니라 할 수밖에 없는 시대 속에 살고 있다. 어릴 적부터 누구보다 열심히 공부하고, 준비하고, 고민하며 치열하게 살아온 자들이 MZ세대다.

초등학생 때부터 매주 영어학원, 수학학원, 논술학원, 태권도, 피아노 등 열심을 넘어서 과도한 일상 속에서 살아가는 것이 바로 MZ세대의 어릴 적 모습이다. 그래서 이들에게 낭만은 사치에 가깝다. 낭만을 추구하기보다 열심을 추구하는 것이 오늘날 MZ세대의 특징이다.

대학교 1학년 때부터 취업 준비를 하거나 공무원 시험을 준비하는 20세 취준생, 고시생도 생겼다. 사회는 점점 어려워지고 모두가 열심히 살다 보니 경쟁은 더욱더 치열해졌다. 당연히 경쟁에서 도태되는 사람이 더 많을 수밖에 없지 않은가?

그래서 MZ세대 중 많은 이가 우울감과 공허함, 열등감에 빠져서 살아간다. 열심히 하는데도 좋은 결과를 가질 수 없고 인정받기 어려운 구조 속에서 살아가기에 이들은 좌절과 절망을 어릴 적부터 수없이 경험한 세대다. '큰 꿈을

꿔라, 비전을 가져라'라는 말은 MZ세대에게 비현실적인 것처럼 들린다. 오히려 더 현실적인 것은 스펙을 쌓고 주식과 부동산을 영끌해서 한탕 벌이를 하는 것이 더 현실적으로 보이는 것이다.

기성 세대는 MZ세대를 향해 '노력하지 않는다, 철이 없다, 개념이 없다'고 말하지만, 이는 잘못된 해석이다. 경쟁이 너무 치열해서 노력해도 좋은 결과가 나오기 힘든 사회구조 속에 살며 어릴 적부터 책상에 앉아서 공부만 했는데 일 눈이 없다며 철부지 취급을 당하는 것이 오늘날 MZ세대다.

또한, MZ세대 사이에서 유행하는 말이 '조용한 퇴사'라는 말이다. '조용한 퇴사'란 '직장을 그만두지는 않지만 정해진 시간과 업무 범위 내에서만 일하고 초과근무를 거부하는 노동 방식'을 뜻하는 신조어다. 이들은 이렇게 '조용한 퇴사'를 하면서 사실상 투잡을 뛰거나 또는 이직을 준비한다.

왜냐하면, MZ세대는 항상 경쟁하며 살아왔기에 자기 위치를 누구보다 잘 안다. 그래서 2~3개월만 해도 대략 보이는 회사의 상황과 자신의 처지를 보며 자기 살길을 찾기 위해 '조용한 퇴사'를 선택하는 것이 오늘날의 MZ세대다. 이는 단순히 MZ세대가 영악하다고 말하기보다 경쟁이 낳은 폐해이자, 열심히 해도 따라잡기 힘든 사회 구조적인 문제 때문이다.

그래서 MZ세대는 어릴 적부터 이상주의적이기보다는 어쩔 수 없이, 대부분이 경쟁에서 뒤처지기 때문에 현실주의적이다. 그런데 이 현실적인 모습마저도 자신의 마음을 잘 지키며 살아갈 때 가능한 것이지 그렇지 않은 MZ세대는 자기 인생을 포기해 버리고 향락주의와 패배주의에 빠져 살아간다.

오늘날 많은 MZ세대가 게임에 빠져 살고, 인생을 도박처럼 여기며 비트코인에 올인하고, 마약과 섹스에 중독되어 살아가는데 이는 치열한 경쟁을 견디지 못하고 도태된 청년들의 가슴 아픈 모습이다. 이런 MZ세대에게 유행하는 말이 있다. '갓생'이라는 단어다.

갓생은 '나의 오늘 하루를 알차게 보내는 것 그리고 그렇게 산 나 자신에 대한 칭찬의 표현'이다. 현실은 어느 누구도 나를 인정하거나 칭찬해 주지 않는다. 실제로 어떤 결과를 내는 것은 소수의 사람이나 가능한 시대 속에서 MZ세대는 자신들이 스스로를 위로하고 인정한다. 이것이 '갓생'이다.

이들이 현실에 집중하거나, 아니면 향락주의와 패배주의에 빠지는 이유는 결국 "열심히 살아야한다"는 가치가 작동하기 때문이다. 열심히 온 힘을 다해야 하고, 그래서 신과 같은 존재가 되어야 하는 인생이다. 니체가 말한 '신은 죽었다'는 말은 곧 "나를 도울 신은 없으니 내가 신이 되어야 한다"를 말하는 것이다.

약 10~15년 전부터 유행했던 책은 '성공자 이야기, 자기계발'분야다. 그러나 10년 전쯤에는 힐링과 치유에 대한 책들이 주류를 이루었다. 이 또한 열심주의로 인해 도태되었다고 생각하는 자들을 향한 책이었다. 그러다 5년 뒤부터는 인문학이 유행했다.

힘든 삶을 살면서, 도대체 삶은 무엇인가?

인간은 어떤 존재인가?

근본적인 질문을 하기 시작했다.

요즘에 유행하는 책은 '돈, 자본, 미래'에 대한 것이다.

이는 무엇을 의미하는가?

바로 인간이 신이 될 수 있는(또는 신과 같은 존재가 될 수 있는) 방법은 결국 많은 돈을 통해 '내가 능력 있는 자가 되는 것이다'를 말하고 있다. MZ세대는 바로 이런 시대적 환경 속에서 자라왔고 자라고 있다.

MZ GENERATION & KOREAN CHURCH

제2장

MZ 사역자가 본 크리스천 MZ세대

1. MZ세대의 특징 1: 개인주의, 장점과 단점

교회는 공동체 중심적이다. 그렇다 보니 개인주의가 교회 성도들에게 유입되면서 교회는 이전보다 더 모이기를 힘쓰는 데에 어려움을 겪고 있다.

그렇다고 개인주의가 무조건 틀렸냐?

그렇게 볼 수는 없다.

MZ세대 크리스천 청년들에게 개인주의가 유입됨으로 인해 생긴 장점은 크게 두 가지다.

첫째, '은사개발'의 기회 확장이다.

과거 부모세대는 은사를 개발해서 하나님께 영광을 돌린다라는 개념이 오늘날보다 상대적으로 부족했다. 목회자와 성도라는 수직적 구조 속에서 목회자의 리더십에 따라 성도들이 움직였을 뿐, 각 개인의 은사를 개발해서 하나님께

쓰임 받는다는 개념이 부족했고 평신도가 사역 일선에 나서는 것에 대해서도 달갑지 않게 보는 경향이 컸다.

하지만, 오늘날은 은사가 출중한 사람을 세우는 것을 넘어 사역의 주역으로 맡기고 있다. 이는 시대적인 변화에 따른 교회의 변화인 것이다. 각 개인이 자신의 은사와 능력을 개발하고 그에 따라 사역할 수 있는 환경이 조성되었기에 가능했다.

둘째, 사명 중심적(부르심) 삶과 신앙생활이 가능해졌다.

과거에는 사명 중심적, 그러니까 개인의 사명에 따라 살아가는 가치보다는 교회 중심적인 삶이 더 중요하게 여겨졌다. 그래서 자신의 은사와 능력에 따른 직업을 구하기보다는 교회와 가장 가까운 곳에서 살아가면서 그에 적합한 직장을 구해 살아가는 것이 가치 있는 삶처럼 여겨졌다.

하지만, 오늘날에는 각 개인이 하나님 앞에 나아가서 하나님의 뜻을 구하고 자신의 부르심을 물을 때, 하나님께서 인도하시는 방향에 따라 나아갈 수 있는 개인의 선택적 자유가 이전보다 훨씬 커졌다. 이로 인해 모 교회라는 개념이 유효하나 모 교회 중심적이라는 개념은 줄어들어 오늘날 MZ세대는 자연스럽게 자신의 부르심, 직업적 부르심 또는 사회적 부르심에 따라 선택의 폭이 넓어지게 됐다.

물론, 개인주의가 교회 공동체로 유입됨으로 인한 단점도 만만치 않다. 먼저는 공동체의 파괴다. 앞에서 말한 것처럼 개인의 선택 자유가 커지면서 공동체 또한 필수가 아닌 선택이 되었다.

예배를 드리는 것은 원하지만 공동체에 소속되는 것은 원치 않는 청년들은 자연스럽게 공동체에 소속감을 갖지 않게 됐다. 과거 교회 청년부와 오늘날의 교회 청년부를 비교한다면, '아싸'라고 불릴 수 있는 청년이 절반 가까이 되는 교회가 한 두 곳이 아님을 볼 수 있다.

이뿐만 아니라 공동체 정신이 부족하고 자기 자신이 가장 중요하기 때문에, 인간의 도구화 현상도 급격하게 늘어났음을 볼 수 있다. 한 영혼을 천하보다 가치 있게 여기는 주님처럼 교회 또한 한 영혼의 가치를 소중하게 여겨야 함에도 오히려 교회 안에서도 인간의 도구화 현상으로 인해, 마치 사람을 도구처럼 쓰고 내팽개치는 현상이 늘어났다.

그래서 가족적인 끈끈함이 있었던 과거와는 다르게 오늘날에는 프로젝트팀처럼 어떤 목적을 위해서 모였다가 해체되면 그때부터는 관계도 소원해지는 현상을 교회 안에서도 쉽게 볼 수 있다. 교회 안에서 사역의 필요에 따라 성도들을 세우나 사역 이후에는 언제 그랬냐는 듯이 관심과 애정이 줄어드는 현상을 보게 된다.

많은 MZ세대 청년이 교회를 떠나는 이유 중 하나가 바로 이와 같은 교회 내에서의 무분별하고 배려 없는 노동 착취(?) 때문이라는 고백을 많이 듣는다. 그 영혼이 잘되고, 그 영혼의 은사를 개발해 주며, 그 영혼의 필요에 따라 세우고 섬기기보다 교회의 필요와 사역의 필요에 따라 영혼들을 사용하고 내팽겨치는 형태로 교회 사역이 진행되다 보니 나타나는 현상인 것이다.

이 또한 개인주의가 교회 안에 침투하면서 공동체적 사랑과 관심이 줄어듦으로 인해 나타나는 현상이다.

끝으로 한 가지 큰 단점이 있는데 바로 '공허와 음란의 문제'이다. 세상 청년들은 말할 것도 없고, 심지어 크리스천 청년 중에서도 이 공허와 음란에 빠져 살아가는 청년들이 너무나도 많다.

부모로부터의 사랑 그리고 공동체로부터의 사랑을 받지 못하고 개인으로 고립되면서 영혼에 채워져야 할 사랑이 채워지지 않아 많은 청년이 공허, 음란, 중독의 문제 속에 살아간다. 실제로 요즘 뉴스에서도 많이 나오는 이야기가 10대 청소년들의 마약중독 문제 그리고 성중독 문제 등이다.

이는 인간존재가 기본적으로 하나님께서 하나님의 사랑과 사람의 사랑으로 채워져야지만 영혼의 만족감을 누릴 수 있도록 창조하셨는데, 이 두 가지 사랑 모두가 결핍됨으로 인해 나타나는 현상이다. 영혼의 갈급함, 공허함을 다른 것으로 채우려고 하는 영혼의 발버둥이고, 이것이 바로 게임중독의 문제, 성중독의 문제, 마약중독의 문제 등으로 나타나는 것이다.

개인주의는 이처럼 MZ세대 크리스천 청년들에게 선택의 폭을 넓혀줄 뿐만 아니라 개인에게 집중함으로 하나님의 부르심이 무엇인지 더욱더 집중해서 분별할 기회를 주었지만, 공동체의 와해 현상을 가져오고, 인간을 도구처럼 가치 하향시키는 인간의 도구화를 가져왔으며, 공허와 결핍으로 인한 중독의 문제를 불러일으켰다.

* 개인주의의 장점: 은사개발의 기회, 사명 중심적(부르심) 삶
* 개인주의의 단점: 공동체의 파괴, 인간의 도구화, 공허와 음란

2. MZ세대의 특징 2: 진짜주의, 장점과 단점

 진짜주의는 개인주의 만큼이나 MZ세대 크리스천 청년들에게 많은 영향을 미쳤다. 특히, 과거에는 자녀의 신앙생활은 곧 부모의 신앙에 따라 결정되는 경우가 많았다. 물론, 지금도 그러한 모습을 보이지만 오늘날의 부모는 과거처럼 자녀들을 자신의 가치관에 근거해 따르도록 강요하거나 강압하지 않는다.

 오히려 자녀들의 선택을 존중하는 자유와 평등의 가치에 근거해서 자녀들의 삶을 스스로 결정할 수 있도록 허용하는 경우가 더 많아졌다. 이로 인해 MZ세대 크리스천 청년들은 믿고 믿지 않고의 문제 또한 자신의 의지로 결정하려는 경향이 상대적으로 강해졌다.

 그래서 MZ세대 크리스천 청년들은 애매하게 행동하지 않고, 제대로 믿을 거면 믿고 아니면 아예 떠나는 선택을 한다. 이는 한국교회 전체적으로 보았을 때는 신앙인의 숫자가 줄어드는 것처럼 보이기에 안 좋을 수 있지만 각 개인의 관점에서 봤을 때는 신앙생활에 있어서 분명한 믿음과 확신을 통해서 하기에 오히려 긍정적인 효과를 불러온다고 볼 수 있다. 진짜를 원하기 때문에 나타나는 현상이다.

 또한, 진짜를 원하기 때문에 사고의 유연함이 있다. 앞에서도 말했지만 MZ세대는 정의를 추구하려고 하고, 옳은 것, 더 나은 것을 추구하려는 경향을 보인다. 이로 인해 과거의 구습과 악습을 그대로 이어가지 않고, 전통이라는 이름 하의 불합리한 것에 대하여 과감하게 NO!라고 말할 수 있는 세대이다.

그래서 새로운 문화에 적합한 새로운 발상, 새로운 예배 기획 등 여러 부분에 있어서 교회 안에서의 오래된 문화를 변화시키는 데 있어서 MZ세대 크리스천 청년 중심이 되고 있다.

예전에 청년 선생님들에게 '우리 교회 청소년부의 부흥을 위한 개선사항'이라는 주제를 던져주고 이에 대해 회의를 해보라고 한 적이 있다. 다양한 제안이 있었는데 대표적인 내용으로 월 1회 엑티비티하기(케익만들기, 배드민턴 치기 등), 교사와 학생 역할 바꿔 체험하기, 청년부와 함께 예배하며 분위기 체험하기 등이 있었다.

이처럼 청년들은 기존과는 다른 방법과 생각을 통해 변화를 원하며 이는 지금 우리 공동체에 가장 적합한 진짜에 다가가려는 모습을 갖고 있다.

하지만 단점 또한 만만치 않다. 진짜주의로 인해 생긴 단점은 순종을 잘 하지 못한다는 것이다. 순종이라는 것은 기본적으로 이해를 근간으로 하는 것이 아니라 믿음을 근간으로 하는 것이다. 리더 또는 하나님을 향한 신뢰를 근간으로 하는 것이다. 내가 이해되어서 하는 것은 순종이 아니라 납득이다. 순종이 수직적인 관계 속에서 행해진다면 납득은 수평적 관계 속에서 행해지는 것이다.

그런데 오늘날 MZ세대 크리스천은 순종보다는 납득을 원한다. 그래서 순종이라는 개념이 훈련되기가 쉽지 않다. 하나님께서 아브라함을 부르시고는 "너는 너의 고향과 친척과 아버지의 집을 떠나 내가 네게 보여 줄 땅으로 가라"(창 12:1)라고 말씀하셨을 때 아브라함은 납득되어 떠나지 않았다. 순종했다. 아브라함뿐만 아니라, 성경에 나오는 많은 인물의 삶이 납득이 아닌 순종의 삶이었음을 우리는 잘 알고 있다.

또한, 질서에 대한 개념이 부족하다. 이는 앞에서도 말했던 자유와 평등사상에 입각한 부분으로, 하나님 한 분을 믿고 신뢰해서 또는 하나님께서 세우신 영적 리더를 믿고 신뢰해서 따른다는 개념이 약하다. 자신이 이해되지 않을 때는 설명을 요구하고, 또 자신의 마음에서 YES가 되지 않을 때는 온 마음 다해서 사역에 임하지 않는 것이 진짜주의의 단점이라고 볼 수 있다.

항상 모든 부분에서 이해를 시키며 사역을 할 수 없고 모든 부분에서 평등을 생각하며 커뮤니케이션을 할 수는 없다. 어떤 면에서 보면 이런 MZ세대의 모습은 자칫 잘못하다가는 모세와 아론의 영적 위치를 탐내었던 고라 자손의 모습과도 비슷해질 수 있다.

끝으로 진짜주의가 가져온 단점 중 하나가 바로 인내심 없음이다. 인내라는 것은 기본적으로 내 마음에 들지 않는 상태일 때 가지는 덕목이다. 그런데 진짜주의를 추구하는 MZ세대는 진짜가 아닌 상황을 보면 오래 참지 못한다. 앞에서도 말했던 '조용한 퇴사'는 인내심 없음의 현상으로 나타난 모습이다.

이는 크리스천 MZ세대에도 동일하게 적용되고 있는데 이로 인해 신앙의 깊이가 깊어지는 경험을 하지 못 하거나, 사역의 자리를 감정적으로 "했다 관두는" 모습으로 나타나기도 한다. 그 자리를 지키며 하나님께서 그 자리에 나를 보내신 이유를 물으며 비바람을 맞으며 기다리는 인내가 MZ세대에게는 부족하다.

진짜주의는 이처럼 진리를 추구하고자 하는 진실한 마음을 더욱더 불러일으켰고, 진짜를 찾는 사고의 유연함을 가져왔다. 하지만 이에 반해 순종하지 못하는 현상을 가져왔을 뿐만 아니라 성경적 질서에 대한 이해의 부족, 인내심 부족이라는 현상을 가져오기도 했다.

* 진짜주의의 장점: 분명한 신앙관, 사고의 유연함(정의 추구 등)
* 진짜주의의 단점: 순종을 잘하지 못함, 권위와 질서에 대한 이해 부족, 인내심 없음

3. MZ세대의 특징 3: 열심주의, 장점과 단점

개인주의와 진짜주의는 교회에 장점과 단점을 어느 정도 균형있게 가져온 부분이 있지만 열심주의는 장점보다는 단점을 훨씬 많이 가져왔다. 왜냐하면, 열심주의는 니체가 인간의 '의지'의 영역에 대해 눈을 뜨게 함으로 나타난 현상인데, 인간의 의지는 믿음으로 살아가는 크리스천들에게는 가장 큰 걸림돌이 되기 때문이다.

열심주의의 장점은 우선 예수님을 믿는 청년들이 성공을 향해 달려가되 하나님께 영광을 돌리려 한다는 것이다. 기성 세대는 성속의 구분이라는 개념이 좀 더 견고했기 때문에 현실과 신앙을 구분하는 경향이 강했다. 하지만 오늘날 MZ세대 크리스천은 세상 속에 어울리면서도 자신의 견해를 분명히 밝히려는 경향을 보인다.

'예수님을 믿으니 너희와 어울리지 않아!'가 아니라 '예수님을 믿지만 나는 세상과도 잘 어울려!'라고 말하는 것이 오늘날 크리스천 MZ세대의 모습이다.

성공이라는 개념은 그 자체가 세상 속에서만 이루어질 수 있다. 교회 안에서 성공이라는 말은 어울리지 않는다. 이는 니체로부터 온 성공주의가 교회 안으로 침투해 들어와 나타나는 현상이긴 하나 오히려 이는 건강한 신앙을 가진 MZ세대 크리스천에게는 하나님께 영광을 돌릴 기회의 장이 되기도 한다. 대표적인 예가 래퍼 비와이, 아넌딜라이트 등이다.

이들은 자신이 가진 의지를 하나님을 향해 사용해 성공으로 하나님께 영광을 돌린 MZ세대 중 대표적인 예다.

또한, 오늘날 유명한 사역 단체 EMF 또는 유튜버들이 생겨나는 것을 보게 되는데 대부분이 MZ세대 대표들이 만든 단체이다. 시대의 흐름에 맞춰 열심히 주님을 섬기려고 하다 보니 자연스럽게 MZ세대 리더들이 단체를 세우거나 유튜브를 통해 교회와 세상에 선한 영향력을 미치는 것을 보게 된다. 대표적인 예가 WE LOVE나 KEI 같은 유튜버다. 이들이 가진 하나님을 향한 '열심'이 있었기 때문에 오늘날의 시대에 걸맞은 단체와 사역을 할 수 있게 된 것이다.

이러한 장점보다 단점은 상상할 수 없을 만큼 크리스천 MZ세대에 악영향을 미치고 있다. 대표적인 예가 '패배의식'이다. 이미 세상에 살아가면서 패배의식을 날마다 경험하고 자란 크리스천 MZ세대는 기본적으로 쉽게 포기하고 좌절한다. 이는 과거 이스라엘 백성이 애굽에서 400여 년의 시간 동안 노예로 지내면서 가질 수밖에 없었던 노예근성과 비슷한 모습이다.

윌리엄 캐리(영국 침례교 선교사, 1761-1834)는 이런 명언을 남겼다.

> 하나님을 위해 위대한 일을 시도하라!
> 그리고 하나님으로부터 위대한 것을 기대하라.

크리스천 MZ세대에게는 그저 명언에 지나지 않게 되었다. 현실의 장벽과 어릴 적부터 수없이 경험한 패배 경험은 오늘날 크리스천 MZ세대에게 꿈꾸고 하나님을 위해 위대한 일을 행하고자 하는 의지로는 이어지지 않게 만들었다. 모두가 각자의 위치에서 적당하게 꿈꾸며 하나님을 섬기고자 하는 자들로 만들어버렸다.

그래서 하나님을 위해 목회자나 선교사로 헌신하는 것을 넘어서서 각자의 부르심의 영역(정치, 사회, 경제, 문화), 나아가 한 민족의 운명을 변화시키는 등의 위대한 일을 진지하게 꿈꾸고 달려가는 청년들을 보는 것이 매우 드물게 된 시대를 살고 있다.

또한, 오늘날 크리스천 MZ세대를 보면 헌신이라는 개념이 매우 부족하다. 누군가를 위해 산다거나 자신의 시간과 인생을 드리는 삶을 살아가는 청년들이 매우 부족해진 것을 보게 된다. 모두가 현실의 벽 앞에서 살아가기 급급하고 이로 인해 어떤 청년들은 교회를 나가는 시간조차도 아까워하는 것을 보게 된다.

그뿐만 아니라 열심주의로 인해 세상에서 성공과 현실의 벽을 넘어서지 못한 크리스천 MZ세대는 어노인팅 증후군에 빠지기도 한다. 쉽게 말해 세상에서는 인정받지 못하고 자리 잡지 못하고 살지만, 교회에서는 열심히 예배 자리를 지키고 사역하는 자들이다. 교회에서는 목소리가 크지만, 세상에서는 '찐따'라고 불리는 청년들이 생겨나는 것이다.

세상 속에서 실력으로는 인정받을 수 없지만, 교회에서는 조금만 열심히 해도 칭찬과 인정을 받을 수 있으니 교회에 헌신하는 것이다. 이는 진정한 헌신이라기보다 도피에 가까운 것이고, 그러므로 어노인팅 증후군에 속한다. 예배중독이자 교회중독이다. 향락주의와 패배주의가 동시에 나타나는 현상이다.

오늘날 교회 청년 중, 결혼 적령기라 불리는 시기에 결혼을 하지 못하거나 안하는 청년이 많은 것을 보게 된다. 이 또한 열심주의로부터 온 성공주의가 교회로 침투해 나타나게 된 현상이다. 크리스천 청년들의 결혼 조건은 세상 사람들의 조건에 믿음까지 더해져 더 까다로운 조건을 가지게 됐다.

똑같이 세상에서 성공한 사람, 외모와 조건이 괜찮은 사람이어야 하고 거기에 믿음까지 좋아야 하니 어떻게 쉽게 사람을 만날 수 있겠는가?

열심주의, 성공주의, 현실주의, 향락주의, 패배주의 이 모든 것은 결국 인간의 의지라는 것이 중심을 이룬다. 인간 의지로 이루거나, 이루지 못하거나 하는 방향으로 흘러갈 때 나타나는 현상이다.

니체가 깨운 인간의 의지는 교회 안에 깊숙이 들어왔다. MZ세대는 이로 인해 성공을 통해 하나님께 영광을 돌리거나 단체를 만드는 등의 방향으로 나아가기도 하지만, 대부분 청년은 패배주의에 물들어 꿈꾸지 못하고 있으며, 교회 안에서만 목소리 큰 세상 속 찐따를 만들었고, 이러한 현상과 맞물려 교회 안 청년들은 결혼의 벽이 더욱더 높아지는 결과까지 초래하게 했다.

* 열심주의의 장점: 성공을 통해 하나님께 영광 돌리고자 함, 새로운 형태의 사역
* 열심주의의 단점: 패배의식, 어노인팅 증후군, 미혼자 증가

MZ GENERATION & KOREAN CHURCH

제3장

MZ사역자가 본 한국교회

1. 교회란 무엇인가?

서론에서도 말했지만 내가 이 책을 쓰는 이유는 MZ세대와 한국교회 사이에 연결고리 역할을 하기 위해서이다. 앞 두 챕터에서는 MZ세대로서 MZ세대의 특징과 크리스천 MZ세대의 특징을 다루었다면, 이제는 한국교회 사역자로서 한국교회에 대해서 나눠보려고 한다.

한국교회에 대해 나누려면 우선 교회에 대해서 짧게 나눠야 하는데 사실 교회에 대한 것도, 한국교회에 대한 것도 너무나도 큰 주제이기에 제대로 다룰 수도, 옳다고 말할 수도 없을 것 같다. 그런데도 교회가 어떤 곳인지 그리고 오늘날의 한국교회가 어떤 과정을 겪으며 현재까지 오게 되었는지를 설명하는 것은 매우 중요하고 또 필요하기에 나눠보려고 한다.

우선 교회에 대해서는 여러 가지 정의가 있을 것이다. 많은 목회자와 신앙의 선배들이 말한 교회에 대해서 한번 나눠보려고 한다.

우선 교회라는 단어의 어원부터 보자면 헬라어로 교회는 'ἐκκλησία'(에클레시아)로 이는 '부름을 받아 나온', '부르심', '택함 받은' 등의 뜻이 있다. 70인 역에서는 히브리어 'קהל'(카할)이라는 단어를 에클레시아로 번역했는데 이는 일반적으로 '종교적인 회중'을 의미했다.

어거스틴(성 아우구스티누스)은 교회에 대해서 이렇게 말했다.

> 교회는 그리스도의 몸이고, 그리스도는 교회의 머리가 되신다. 머리와 몸은 하나이므로 서로 통일되고 일치된다. 교회는 하나다.

헬라어 성경을 영어로 번역한 윌리엄 틴데일은 교회에 대해 말할 때 'Church'라는 단어 대신 회중을 의미하는 'Congregation'이라는 단어를 사용했다. 이 단어를 사용한 것만 보아도 그에게 있어서 교회는 유형의 보이는 건물이 아니라 "예수 그리스도를 구주로 고백하는 회중의 모임"이라고 정의했음을 알 수 있다.

칼빈은 교회에 대해 이렇게 말했다.

> 교회는 보이는 교회와 보이지 않는 교회가 있는데, 보이는 교회는 사람의 눈에 보이는 조직적인 교회를 말하고 보이지 않는 교회는 택자들로 구성된 진짜 교회다.

즉, 그 역시도 교회는 택함받은 자들의 회중이라고 말하고 있다. 본회퍼와 J. I 패커 그리고 한스 큉의 교회에 대한 정의를 살펴보자.

- 본회퍼 : 교회는 그리스도의 몸, 지상에 있는 하나님의 백성, 하나님이 친히 선택하신 거룩한 공동체
- J. I 패커 : 크리스천들이 모여 교제하는 모든 모임이자 하나님의 가족
- 한스 큉 : 예수 그리스도를 믿는 신앙인의 공동체이자 예수 그리스도를 머리로 삼는 몸 된 공동체

이렇게 성경의 원어와 앞선 선배들의 고백을 보아도 결국 교회란 "예수 그리스도를 구주라고 고백하는 회중의 모임"이라고 정의를 내릴 수 있을 것 같다.

그러면 이런 교회가 가지고 있는 목적은 무엇일까?

하나님께서는 왜 우리를 교회로 부르셨는가?

여러 이유가 있지만 가장 기본적으로 세 가지 목적을 가지고 있다.

첫째, 교회의 존재 목적은 '예배하기 위해서'다.

> 이 백성은 내가 나를 위하여 지었나니 나를 찬송하게 하려 함이니라 (사 43:21).

이 말씀처럼 하나님께서 우리를 교회로 부르신 이유는 우리의 찬송과 예배를 받으시기 위함이다. 성경의 전체적인 내용을 통해서 봐도 이는 분명하다. 성경에서는 계속해서 계보를 나타내고 있는데, 성경에 나오는 계보는 단순히 혈통으로부터의 계보를 말하지 않고, 하나님을 예배하는 예배자인가 아닌가를 통해서 계보에 속하는가 속하지 않는가를 보여 준다.

창세기 5장에 보면, 아담의 계보를 보여 주는데, 아담이 낳은 자손인 가인과 셋 중에서 가인은 창세기 5장의 계보 안에 포함되지 않는다. 가인이 아벨을 죽이고 사라진 예배자의 계보를 다시 낳은 셋을 통해서 연결하게 됐고, 성경에서는 이를 '그때 사람들이 비로소 여호와의 이름을 불렀더라'(창세기 4:26)로 표현하고 있다. 그래서 창세기 5장의 계보는 아담-셋-에노스로 연결되고 있다.

이후에 진행되는 계보에서도 똑같은 방식으로 진행된다. 성경에는 두 가지 계보가 나온다. 하나님을 예배하는 예배자의 계보, 하나님을 반역하는 인간들의 계보다. 혈통적인 요소가 없는 것은 아니지만 성경은 분명하게 믿는 자와 믿지 않는 자, 예배자와 반역자의 계보로 인간들을 구분하고 있다. 그래서 하나님께서 우리를 부르신 목적은 하나님을 예배하는 자로 우리를 부르셨다는 것이다.

둘째, 교회의 존재 목적은 '제자 삼기 위해서'다.

> 그러므로 너희는 가서 모든 민족을 제자로 삼아 아버지와 아들과 성령의 이름으로 세례를 베풀고 내가 너희에게 분부한 모든 것을 가르쳐 지키게 하라 볼지어다 내가 세상 끝날까지 너희와 항상 함께 있으리라 하시니라(마 28:19-20).

인간이 살면서 죽기 전에 하는 마지막 유언은 상대방에게 가장 하고 싶은 말, 또는 꼭 해야만 하는 말일 것이다. 예수님 또한 이 땅에서 죽으시고 부활하신 후, 40일 동안 제자들과 함께 계시다 승천하시기 전 마지막으로 남긴 유언이 바로 위의 말씀이다.

이는 예수님께서 가장 중요하다고 생각하시는 예수님의 유언이었다. 그것은 바로 '모든 민족을 제자로 삼는 것'이다. 앞에서 계보에 대해 말했는데, 인간의 삶은 유한한 삶이다. 오늘날 인간은 길어야 100년을 조금 넘게 살아갈 수

밖에 없는 존재이다. 그러므로 제자 삼는 것은 곧 예배자의 계보를 계속해서 잇게 만드는 매우 중요한 요소이다.

예배자는 어떤 존재인지, 하나님은 누구신지, 예수님은 우리에게 어떤 일을 하셨는지, 믿음은 무엇인지, 우리의 존재 목적은 무엇인지 등 여러 가지 기독교적 가치관을 정리해서 전해주고, 나아가서는 지킬 수 있게 하는 것이 바로 제자 삼는 것이다. 그리고 이것이 바로 두 번째 교회의 존재 목적이다.

셋째, 교회의 존재 목적은 '선교'다.

> 그러므로 너희는 가서 모든 민족을 제자로 삼아 아버지와 아들과 성령의 이름으로 세례를 베풀고(마 28:19).

> 이 천국 복음이 모든 민족에게 증언되기 위하여 온 세상에 전파되리니 그제야 끝이 오리라(마 24:14).

여기서 짚고 넘어가야 할 것이 하나 있다면 '전도'와 '선교'의 차이점이다. 전도는 '전할 전'에 '길 도'자를 써서 '도를 전하는 것'을 전도라고 한다. 그런데 신학적인 관점에서 보자면 전도는 같은 민족에게 전하는 것을 전도라고 한다. 선교는 다른 민족에게 도를 전하는 것, 곧 복음을 전할 때 이를 선교라고 구분할 수 있다. 따라서 선교는 타민족에게 복음을 전하는 것이다.

물론, 이는 '가서 모든 민족 제자 삼으라'라고 했기 때문에 가야 하는 것이 맞지만 오늘날에는 세계화로 인해 여러 인종과 민족이 어울려 사는 시대로 변화되었고 그래서 선교 또한 원심선교와 구심선교로 나뉘게 됐다.

원심선교는 우리가 알고 있는 선교방식, 즉 우리가 다른 민족이 사는 나라에 가서 복음을 전하는 방식을 말하고, 구심선교는 우리나라에 사는 다른 민족을 찾아서 이들에게 복음을 전하는 것이다. 성경에서 말하는 '가서'의 개념은 똑같이 '다른 민족'과 '열방'이지만 그 민족들이 사는 나라로 가느냐, 아니면 우리나라 안에 사는 그들에게 가느냐의 차이가 있을 뿐, 다른 민족이라는 개념은 여전히 유효한 것이다.

이렇게 교회는 선교함으로 인해 예수님을 알지 못하는 자들에게 새 생명과 진리로 인한 자유함을 줄뿐만 아니라 그들이 교회로 세워져 또 다른 교회를 세워나가는 것을 소망하는 것이다.

그래서 교회의 존재 목적을 정리하자면 먼저 내가 예배자가 되는 것이고, 예배자의 삶을 다른 이들도 살 수 있도록 제자 삼아야 할 것이고, 제자 삼는 것을 나의 가정과 우리 민족에서만 그치는 것이 아니라 모든 민족으로 제자 삼아 온 열방에 예수 그리스도를 예배하는 예배자를 세우는 것이 교회의 궁극적인 목적이라고 볼 수 있다.

물론, 이뿐만 아니라 교회의 존재 목적은 또 다른 여러 가지가 있을 수 있다. 실제로 필자가 알고 있는 한 교회는

W.O.R.L.D 비전이 있는데 W는 Worshiping Church를, O는 Oikos Church를, R은 Reaching out Church를, L은 Life giving Church를, D는 Discipling Church를 의미한다.

즉, 예배, 목장, 구제와 봉사, 선교, 제자 양육 이렇게 다섯 가지를 의미하는데 이 모든 것이 교회가 존재하는 가장 기본적이면서도 필요한 목적이라고 볼 수 있다.

그리고 이런 교회가 가진 목적을 통해 교회가 지향해야 하는 방향, 비전은 결국 '하나님의 나라'다.

> 죄를 짓는 자는 마귀에게 속하나니 마귀는 처음부터 범죄함이라 하나님의 아들이 나타나신 것은 마귀의 일을 멸하려 하심이라(요일 3:8).

> 바울이 온 이태를 자기 셋집에 머물면서 자기에게 오는 사람을 다 영접하고 하나님의 나라를 전파하며 주 예수 그리스도에 관한 모든 것을 담대하게 거침없이 가르치더라(행 28:30-31).

예수님께서 이 땅에 오신 것은 마귀의 일을 멸하시기 위함이다. 즉, 하나님께서 통치하시는 하나님의 나라, 통치질서의 회복을 위해서 오신 것이다. 마귀에게 빼앗긴 하나님의 영광을 되찾고 모든 이가 하나님만을 예배하고 섬기는 나라로 만들기 위해서 오신 것이다.

"성령행전"이라고도 불리는 사도행전의 제일 마지막 부분에서도 하나님께서 지명하여 부르시고 사용하신 사도 바울은 두 가지를 전했다. 하나님의 나라와 주 예수 그리스도다. 우리가 결국 구해야 하는 것은 하나님께서 통치하시는 하나님의 나라이고, 그 나라가 임하기 위해서는 예수 그리스도를 통해서만 우리가 하나님의 나라로 들어갈 수 있다는 것이다.

2. 한국교회의 역사

다음으로는 MZ세대에게 한국교회의 역사에 대해 소개하고자 한다. 한국교회의 역사에 대해서 말하기 전에, 나는 한국교회 역사를 제대로 분석한 사람이 아닐뿐더러 이 책의 핵심주제가 아니기에 간략하게 서술하면서 핵심적인 부분만 나누고자 한다.

우선 한국교회의 역사를 보려면 시작을 보아야 하는데, 한국 개신교의 시작을 누구로 보느냐에 따라 차이가 있다.

가장 처음으로 개신교 선교사가 와서 복음을 전한 것에 두느냐?

아니면 수호통상조약이 체결되면서 공식적인 선교사가 한국 땅에서 선교사역을 할 수 있게 되었느냐?

여기에 따라 달라진다.

가장 처음으로 개신교 선교사가 온 것은 1832년 7월 25일로, 독일계 선교사인 칼 귀츨라프 선교사다. 그는 영국 상선 로드 암허스트호를 타고 충청도 홍주에 있는 고대도라는 섬에 정박했다. 그는 약 한 달간 정박하며 성경책을 전달하고 복음을 전했는데 당시 영국 상선의 목표는 한국과의 통상이었는데 한국 정부가 거절함으로 인해 통상은 좌절되었고, 그 또한 한 달여의 시간 동안만 선교사역을 하고 돌아가게 됐다.

이후 약 30여 년이 지난 1866년에 제너럴 셔먼호를 타고 영국 런던선교회 소속 로버트 토마스 선교사가 평양에 진입했다. 이 배 또한 조선과의 통상 및 공식적 선교사역이 목표였으나 평양 관군의 저항으로 인해 배는 불타고 토마스 선교사 또한 이때 죽임을 당했다. 당시 토마스 선교사는 복음 한번 제대로 전하지 못한 채 순교 당했으나 그의 순교는 많은 열매를 맺게 됐다. 토마스 선교사를 죽인 자는 박춘권이라는 자인데 그는 이렇게 말했다고 한다.

> 내가 서양 사람을 죽이는 중에 한 사람을 죽인 것은 내가 지금 생각할수록 이상한 감이 있다. 내가 그를 찌르려고 할 때 그는 두 손을 마주 잡고 무삼 말을 한 후 붉은 베를 입힌 책을 가지고 우스면서 나에게 밧으라고 권하였다. 그럼으로 내가 죽이기는 하엿스나 이 책을 밧지 않을 수가 없어서 밧아왔노라(게일, *The Vanguard: A Tale of Korea*, 1903).

이렇게 박춘권이라는 자에게 토마스 선교사는 죽임을 당했고, 당시 토마스 선교사는 불타는 제너럴 셔먼호 위에서 "야소 믿으시오~"라고 말하며 배 안에 있던 성경책을 물으로 마구 던졌다고 한다. 이때 던져진 성경책을 보았던 최치량이라는 12세 된 소년이 있었는데, 그는 토마스 선교사가 던진 성경 세 권을 주워 집으로 가져왔다고 한다. 그런데 서양인의 물건을 함부로 가져온 것이 무서웠던 나머지 그는 이 책을 박영식이라는 자에게 주게 되는데, 당시 종이가 귀했던 시대였기에 박영식은 이 성경책을 불태우지 않고 집으로 가져와 집의 벽지로 사용을 하게 된다.

그런데 그는 집에 있을 때마다 벽에 붙어있는 벽지를 보다가 성령의 역사하심으로 말미암아 예수 그리스도를 구주로 영접하게 됐고, 박영식의 집은 훗날 1907년 평양 대부흥 운동의 시작이 된 장대현교회가 되었다. 놀라운 하나님의 역사이지 않을 수 없다.

토마스를 죽인 박춘권은 30여 년이 지난 뒤 60대의 노인이 되었을 때 평양교회의 장로가 되고 1899년 당시 평양에서 선교하고 있던 마펫 선교사에게 침례를 받았다고 한다. 또한, 박영식에게 성경을 건네 준 12세의 최치량은 훗날 교회를 개척했다고 한다.

이렇게 시작된 복음의 역사를 한국 개신교의 시작으로 보는 시각이 있는가 하면(개인적으로 필자의 입장은 이 입장에 동의한다. 복음이 전해지고, 순교의 피가 흐른 것은 통상조약보다 더 큰 하나님의 역사하심의 통로가 됐을 것을 믿는다), 또 다른 한편으로는 조미수호통상조약이 체결된 1882년으로 보기도 한다.

왜냐하면, 조미수호통상조약이 체결된 이후 공식적으로 선교사가 파송되고, 공식적인 선교사역이 가능해졌기 때문이다. 이 조약이 체결된 이후 처음으로 외교관이 되어 들어온 자가 중국에서 선교사로 활동했던 의사 알렌이다.

알렌 선교사는 1884년 한국에 들어왔는데 그는 한국에 들어와서 공사관의 의사로서 처음 선교사역을 시작했다. 그리고 그다음 해 1885년에 언더우드와 아펜젤러 선교사가 입국했다. 그래서 1884년을 공식적인 한국기독교의 시작점으로 생각하고 한국교회에서는 1984년에 한국기독교 100주년 선교대회를 여의도에서 열기도 했다.

1) 한국교회의 특징 1: 교파주의(교단주의)

이후 우리나라 땅에는 많은 수의 선교사가 오게 됐다. 특히, 여러 나라 각 교단에서 파송한 선교사가 오게 됐는데 미국의 북장로회와 북감리회, 남장로회, 남감리회, 캐나다 장로교회, 오스트레일리아장로회, 성공회, 구세군, 침례교 등이 한국에 선교사를 파송했다. 한국이라는 좁은 땅덩어리 안에 선교사가 많이 있다 보니 사역이 겹치거나 비효율적으로 운영이 되는 등 여러 어려움과 갈등이 나타났다.

이로 인해 각 교단 선교사는 우리나라 땅의 선교를 효율적, 효과적으로 하기 위해 선교구역 분할협정을 체결하는데 이를 '교계예양'이라고 한다. 가르칠 교, 경계 계, 예도 예, 양보할 양을 써서 '피 선교국에 대한 기독교국의 복음전파에 있어서 다수의 교파가 동시에 사전의 계획과 사업의 분담 없이 활동이 중복되는 것을 피하고자 일정한 원칙을 정해 교파마다 일정 지역을 나누어 선교하는 제도'를 말한다.

이 제도의 시작은 1893년 1월 28일 '선교사 공의회'를 통해서다. 이때 결정된 내용은 남장로교회는 충청도와 전라도를, 북장로회는 황해도와 평안도를, 오스트레일리아 장로회는 경상도와 남부지역을 맡는 등의 형태로 정리됐으나 이후 1910년도에 가서는 장로회와 감리회가 함께 선교지역을 나누게 되었고, 그래서 미국북장로회가 경기도와 평안도 일부, 경상북도를, 미국남장로회가 전라도와 제주도를, 오스트레일리아 장로회가 경상남도, 캐나다 장로회가 함경도, 미국북감리회가 경기도와 충청도와 평안도 일부, 미국남감리회가 강원도를 맡게 됐다.

하지만 사역의 효율화를 위해 진행했던 '교계예양'은 당시에는 우리나라 땅을 섬기는 데 있어서 효과적이었지만 시간이 지나면서 교파주의를 형성하게 된 결정적인 계기가 되었다.

현재 우리나라에 있는 교단은 약 300개가 조금 넘는다고 알려졌다. 이 작은 땅덩어리에 교단만 300개가 넘는다는 것은 안타까운 일이지 않을 수 없다. 30명만 모여도 하나의 입장을 갖기 어려운 게 현실인데, 300명도 아닌 300개의 교단이 있다면 한국교회가 하나되기 어려운 것은 어찌 보면 너무나도 현실적인 상황이라고밖에 볼 수 없다. 이렇게 교파주의, 교단주의로 가게 된 원인은 안타깝게도 '교계예양'으로부터의 영향이 없잖아 있었다고 볼 수 있다.

(물론, 이때 이후 진행된 일련의 사건들로 인해 계속해서 교단과 교파가 쪼개지는 양상을 보였으나 [고신파 1차 장로교 분열, 신학적 진보 보수논쟁의 2차 장로교 분열, WCC의 에큐메니컬 운동 참여 여부에 따른 장로교 합동, 통합 분열 등] 가장 근본적으로 교단과 교파가 나뉘게 된 이유에 대해서만 여기에서 다루고자 한다).

2) 한국교회의 특징 2: 민족주의적 성향

당시 우리나라 사람들은 민족주의자가 아니었다. 정확히 말하자면 그들은 왕을 위해 살아가는 백성으로서의 의식이 분명한 자들이었다. 국가를 지키겠다, 민족을 지키겠다는 말은 실상 그들에게 있어서는 왕을 지키겠다, 왕족의 혈통을 지키겠다는 측면이 더 정확했다.

하지만 당시 선교사들의 눈에는 그들의 모습이 애국자의 모습이자 민족주의적 성향으로 비쳤을 것이다. 실제로 이 당시 기독교가 우리나라에 들어와 수용하는 시기쯤에는 국가의 위기이자 국권 상실기라고 표현하는 시기와 겹치기도 했다. 그래서 대부분 당시 우리나라 사람들은 종교적으로 기독교를 받아들이더라도 국가의 위기를 그대로 보고만 있을 수는 없었다.

실제로 국가가 없으면 종교도 결코 자유로울 수 없다.

국권을 강탈당한 상태에서 어떻게 자유를 외칠 수 있으며, 종교의 자유라는 가치까지 말할 수 있겠는가?

오히려 기독교를 예수님을 구주로 받아들인 자라면 더욱더 국가와 민족을 위해서 살아가는 것이 마땅했다고도 볼 수 있는 시기가 기독교 수용기의 시기라고 볼 수 있다. 이 당시에 선교사님이 쓴 글에서도 이런 내용이 잘 나타나 있는 것을 볼 수 있다.

> 한국교회가 지닌 가장 흥미 있는 양상의 하나는 애국심이다. 우리의 연안선은 어느 주일 아침 늦게 북쪽 땅에 우리를 내려놓았다. 이 씨는 강 언덕 마을로 우리의 눈을 돌리게 하였다. 대나무 끝에서 조그만 한국 국기가 휘날리고 있었다. 이 깃발들은 기독교인들의 집이나 교회 위에 휘날리고 있었다. 주일이면 그들의 집이나 교회 위에 국기를 단다는 것은 선교사들의 아무런 지시도 없이 한국기독교인들 사이에 일어난 실천이었다. 그들이 이렇게 하는 것은 그날의 성격을 표명하고 그들의 존경을 표시하기 위한 것이다(*The Missionary Herald*, 1898. 3. p.112).

이처럼 한국교회는 처음 기독교를 받아들일 때부터 민족적이고 정치적인 상황 속에서 받아들일 수밖에 없었고, 이는 자연스럽게 진리와 옳음을 추구하는 기독교인에게 있어서 국가와 민족을 위해 살아가는 것은 마땅히 해야 할 일로 받아들여졌다.

실제로 1919년 3.1운동에 참여했던 사람 중 다수가 기독교인이었다는 것은 많이 들어봤을 것이다. 당시 만세운동을 주도했던 민족대표 33인 중에서 15명은 기독교인이었고, 그들 중 대부분은 목사와 장로들(목사 10명, 장로 2명, 전도사 1명)이었다. 이는 당시 한국교회가 얼마나 나라와 민족과의 깊은 연계 속에서 신앙생활을 해 왔는지, 역사 속에서 신앙생활을 한 자들이었는지를 나타내는 증거라고 볼 수 있다.

오늘날 많은 기독교인이 정치에 참여하는 것을 보게 된다. 태극기 부대라고 불리는 기독교인들의 모습도 보게 되고, 우파성향의 정치 방향에 참여하는 교회들도 보게 된다. 이는 옳고 그름의 문제보다는 교회 역사 속에서 보았을 때 처음부터 변화보다는 안정을 추구했던 한국 기독교인들의 역사적 상황으로부터 유래된 것이라고 해석할 수 있다.

3) 한국교회의 특징 3: 성(聖)과 속(俗) 구분의 이원론

1919년 3.1 운동은 결국 실패로 끝났다. 1910년 한일병합 이후 일본의 식민지배 아래 놓이게 된 우리나라는 1910년부터 1919년까지 무단통치기(무력으로 하는 강압적 통치)를 지나 3.1운동 이후 문화통치기(1919~1932)를 지나게 된다. 이때 일제 식민 통치방식은 회유적 통치의 모양으로 단체활동이나 언론 활동이 허가되었고, 초등교육과 농업교육

등은 받을 수 있었으나 여전히 악법 속에 탄압을 일삼기는 마찬가지였다.

약 10여 년의 울분이 쌓인 것을 표출한 3.1운동이 실패로 끝나자 한국교회 안에서는 회의론이 일어나기 시작했다. 역사 속 교회로서의 사명을 이루는 것이 아니라 이 땅에서의 삶은 속물적이고 성스러운 신앙의 요소만을 추구하자는 '이 세상'과 '저 세상'으로의 구분이 나타나기 시작했다. 이에 대해 한 저자는 이렇게 평가하기도 했다.

> 분석해 보면, 첫째 현실이 지나치게 세속화되어 도무지 역사의 현상적 지평 위에서 신의 섭리를 감지해 내기 어려울 때, 둘째 현실이 지나치게 절망적이어서 역사 안에서 신의 뜻, 곧 공의라든가 사랑의 완성 같은 것이 도무지 이룩될 기미를 감지할 수 없을 때 탈속의 환경은 조성된다고 볼 수 있다(『한국교회의 역사』 p. 30-31).

이처럼 당시 우리나라는 일제의 식민지배 아래에 살아왔다. 희망이라고는 찾아보기 힘들었고, 예수님을 찾고 기도해도 무력감과 절망감 속에서 살았을 것이 당시 우리나라 기독교인의 모습이었을 것이다. 그렇기에 이들에게 이 땅에서의 삶은 당연히 소망 없는 삶이고 저 땅의 소망을 찾는 것이 어쩌면 당연하였을 수도 있다.

하지만 이와 같은 현상으로 인해 당시의 기독교는 민족주의적인 성향은 내포하고 있지만 표출할 수 없었고, 그래서 신앙의 모양은 점차 역사참여보다는 개인적, 내면적 형태로 변화되어 갔다. 이로 인해 신앙의 모양은 성속을 구분하게 되었고, 이는 오늘날까지도 영향을 미쳐 한국교회 성도 중에서도 교회와 세상을 구분하는 경향을 보이기도 한다.

교회에서의 나와 세상 속에서의 나가 다르고, 이러한 성속의 구분으로 인해서 나타나게 된 현상이자 용어가 바로 '주일성수'와 '십일조'라는 것이다. 세상 속에서의 그리스도인으로 살아가는 것보다 그리스도인의 모양을 드러내는 것이 더 중요해 보이고, 그래서 주일성수를 지키고, 십일조를 내는 것은 곧 '성'이라는 것의 기본이자 마땅히 해야 할 도리를 지키는 것으로 보이는 현상을 나타내게 되었다(주일성수와 십일조 등에 대해서는 뒤에서 다시 한번 다루고자 한다).

이렇게 역사적 상황 속에서의 절망이 한국교회 안에 성속의 구분을 가져오는 데 어느 정도 영향을 미쳤다고 볼 수 있다.

4) 한국교회의 특징 4: '죽으면 죽으리라'의 신앙

일본의 무단통치기(1910~1919)와 문화통치기(1919~1932)를 거쳐 우리나라는 민족말살통치기(1932~1945)를 거치게 된다. 이때의 일본 식민통치 방식은 대륙침략을 본격화하기 위한 우리나라의 병참기지화 정책으로 변화되었다. 이로 인해 조선총독부에서는 중일전쟁에 필요한 군자금과 군수품 등을 우리나라에서 조달했으며, 내선일체(조선을 일본에 완전히 통합하고자 내세운 표어로 '일본과 대한제국이 한 몸'이라는 뜻)와 일선동조론(일본과 대한제국이 같은 민족에서 뿌리가 나왔다는 이론) 등을 통해 황국 신민화 정책을 실시했다. 그리고 이런 정책들이 이루어지는 데 있어서 중요한 것이 바로 '신사참배'였다.

신사참배는 신토의 신사에 참여하는 종교의식으로, 일본 천황을 신격화함으로 우리나라 사람들의 정신을 지배해 효율적 식민 통치를 하기 위한 목적으로 시행된 것이었다. 이는 민족 말살 통치기 이전까지는 강제성을 부여하지 않았으나 1935년을 기점으로 조선총독부의 강경책에 의해 본격적으로 우리나라 기독교인들에게도 강제화하게 됐다.

당시 중일전쟁(1937~1945)을 전후로 천주교는 로마교황청의 결정에 따라 신사참배에 응했고, 감리교도 이를 순순히 받아들였으며, 장로교는 한때 반대하다 제27회 총회에서 찬성 결의함으로 굴복했다. 침례교는 유일하게 교단 차원에서 거부하다 교단 자체가 폐쇄되기도 했다. 그리고 이런 시기에 나타난 인물이 바로 주기철 목사님과 같은 분이다.

신사참배는 우상숭배라는 분명한 태도로 '죽으면 죽으리라'하며 끝까지 신앙을 지킨 인물이 바로 주기철 목사님이고, 당시 신앙을 지키다 순교하신 믿음의 조상들이다. 이때 신사참배를 거부하여 대략 2,000명이 넘는 자가 감옥에 투옥되었고, 200여 교회가 폐쇄되었으며, 순교자는 50여 명에 이르는 것으로 추정하고 있다. 그리고 이때 '죽으면 죽으리라'의 신앙을 지킨 한국교회는 다행히도 오늘날까지도 옳지 않은 것 앞에서는 과감하고 단호하게 NO!라고 말하며 믿음을 지키는 순결한 믿음을 이어오고 있다.

여기서 한 가지 짚고 넘어갈 부분이 있다면 배교에 대한 부분이다. 우리는 누군가가 배교를 했다고 하거나, 역사 속에서 장로교나 감리교 등이 배교했다는 이야기를 들으면 그 교단 자체를 부정하고 불결한 교단으로 보는 경향이 있다(정확하지는 않으나 당시 한국교회 중 약 97퍼센트 이상이 신사참배를 했다고 알려져 있다). 하지만 이는 옳은 관점이 아니다. 만약 배교한 것이 문제가 된다면 사실 이스라엘 백성 또한 마찬가지였을 것이다.

모세가 하나님으로부터 십계명을 받기 위해 시내 산에 올랐을 때, 산 아래에 있던 이스라엘 백성은 금송아지를 만들어 '이는 너희를 애굽 땅에서 인도하여 낸 너희의 신이로다' 하며 그 앞에서 춤추며 경배하고 있었다.

모세를 제외한 모든(또는 대부분) 이스라엘 백성은 하나님을 향해 배교했고 우상숭배를 저질렀다. 만약에 앞에서 말했던 여타 교단들이 저지른 배교를 통해 이들은 부패했고 썩었다고 생각한다면 이미 우리 믿음의 조상이라고 볼 수 있는 이스라엘 백성은 시작부터 부패했다고 볼 수 있다.

하나님께서는 우상 숭배한 이스라엘 백성을 보지 않으시고 모세를 보셨다. 하나님께서는 배교한 한국교회를 보지 않으시고 순교자 주기철 목사와 그와 같이 순결하게 믿음을 지키는 한 사람을 보셨다. 소돔과 고모라에 의인이 없어서 유황과 불로 심판하신 것이지 악인과 배교자가 많아서 심판하신 것이 아니다. 다만, 배교하고 우상 숭배한 자들이 믿음의 사람들로부터 시작되는 복음의 소식 앞에서 회개하고 돌아오느냐가 중요한 문제가 될 수 있다.

오늘날까지 한국교회가 부흥할 수 있었던 것은 다른 이유 때문이 아니다. '죽으면 죽으리라' 믿음을 지킨 주기철 목사님과 같은 순결한 믿음의 조상이 있었기 때문에 가능했다. 그리고 이 글을 쓰는 순간에도 우리는 동성애 합법화, WCC와 에큐메니컬 운동(세계 교회 일치 운동)이라는 탈을 쓰고 진행되는 종교 통합 운동, 교회의 세속화 문제와 성적 윤리적 타락 문제 등을 직면하고 있다.

그러나 이미 서구의 많은 국가가 동성애 합법화에 찬성했고(네덜란드, 프랑스 등 약 35개 국가에서 동성애가 합법화되었다. 국가적으로 합법화됐다는 것은 곧 국가 내 교회들 또한 이 법안이 합법화되는 것을 막지 못했을 정도로 깨어있지 못했거나 영향력을 잃었다는 것을 의미한다), 교회 중에서도 미국장로교(PCUSA)가 동성애자의 성직을 허용하는 시대 속에 우리는 살고 있다. 그러나 우리 한국교회는 이런 시대 속에서도 끝까지 믿음을 지키며 하나님의 법대로 통치되는 대한민국을 소망하며 '죽으면 죽으리라'의 신앙을 지키고 있다. 이것은 한국교회가 가진 순결한 믿음의 유산이자 가장 큰 자랑이다.

5) 한국교회의 특징 5: 물질주의와 기복신앙, 번영주의

1945년 8월 15일 조선은 일제로부터 해방되었다. 그러나 얼마 안 가 1950년 6.25 전쟁이 터지면서 우리나라는 남과 북으로 분단되게 됐다. 1950년 6월에 시작된 전쟁은 1953년 7월까지 계속됐다. 약 3년 동안 치러진 전쟁으로 남한의 사상자는 150만 명, 북한의 사상자는 110만 명 가량 됐으며 10만 명이 넘는 전쟁고아와 1,000만 명 가량의 이산가족이 발생했다.

또한, 45퍼센트 가량의 공업시설이 파괴되었으며 80퍼센트에 달하는 산업시설과 공공시설, 교통시설이 파괴되어 사실상 전후 양측 모두 국가기능을 상실했다고 볼 수 있다.

바로 이러한 때 우리나라 기독교는 어떤 역할을 할 수 있었겠는가?

메슬로우가 말한 욕구 이론에서도 인간은 가장 먼저 생리적 욕구와 안전의 욕구가 충족되어야 다른 욕구를 가질 수 있다고 말했고, 머레이도 생물학적 욕구(생존과 번식을 위한)가 충족되어야 한다고 보았다. 당시 우리나라 사람에게 먹고사는 문제가 가장 큰 문제가 되었다.

당시 한국전쟁 시기에는 빌리 그레이엄, 피얼스, 스완슨 등의 세계적 부흥 운동가가 우리나라에 와서 집회를 열었다.

그러면서 당시 생존의 위협과 어려움 속에 살아가던 우리나라 사람들이 교회로 몰려오면서 많은 새신자가 등록하게 되고, 마치 제2의 평양 대부흥 운동과 같은 현상들이 나타나기 시작했다고 한다. 물론, 맞는 말이지만 현실적으로 본다면 어느 사람도 도와주지 않는 시대적 상황에서 유일하게 교회만이 없는 중에도 나누는 곳이었기에 당시 사람들이 교회를 찾는 것은 어찌 보면 너무 당연한 일인 것이다.

오늘날과 비슷하게 당시에도 기독교인이라고 말하지만 예수 그리스도를 알지 못하는 자들이 있었을 것이다. 그리고 예수보다 떡을 찾기 위해 교회에 오는 자들도 허다했을 것이다. 이로 인해 한국교회 안에서의 양적인 숫자는 부흥하고 있었을지도 모르나 실질적으로는 교회에는 다니지만, 교회 안에서 예수가 아닌 물질과 떡을 찾는 자들로 인해 교회는 조금씩 곪아가는 현상도 함께 나타나게 되었다.

그래서 당시 한국전쟁과 함께 1960년대까지 한국교회는 부흥과 함께 물질주의와 기복신앙이 나타났다. 예수 믿으면 잘되고, 예수 믿으면 먹고 살 수 있고, 예수 믿으면 복 받는다는 것이 예수를 통해서 얻는 영생의 복음만큼이나 중요하게 여겨졌다.

이런 동기들 즉, 현세적이며 눈 앞의 물질을 추구하기 위해 교회에 나오는 이들을 향해 '라이스 크리스천'(Rice Christian)이라 부르는데, 이런 크리스천들로 인해 당시 기독교는 분명한 부흥의 불길이 타오르고 있었지만 동시에 물질주의와 기복신앙이 급격하게 침투해 들어오는 상황이기도 했다.

또한, 이렇게 많은 새신자가 교회로 들어오는 상황 속에서 교회가 추구해야 할 방향이 많은 성도를 모아 구원의 길로 인도하는 것이라는 착각 아닌 착각에 빠져 양적 부흥을 추구하는 지향성을 갖게 된 것도 이즈음부터 극심해졌다고 볼 수 있다.

교회 부흥주의, 번영주의가 이때부터 한국교회 안에 침투해 들어왔다. 앞에서도 말했던 여러 해외의 부흥사들이 와서 부흥 집회하고, 많은 영혼이 주님 앞에 돌아오는 현상들을 보면서 (그것이 진짜이든 라이스 크리스천이든) 이 방법이, 이 부흥을 추구하는 것이 가장 중요한 교회사역이라고 생각하는 경향도 강해졌다.

그래서 당시에는 목사, 전도사라는 이름보다 '부흥사'라는 이름으로 전국을 순회하며 설교하는 부흥 강사들이 속속 생겨나기도 했다. 이러한 역사적 상황으로 인해 우리 한국교회에는 물질주의와 기복신앙, 부흥주의가 중요한 특징 중 하나로 자리 잡게 되었다.

6) 한국교회의 특징 6: 높은 사회참여(구제와 봉사)

앞에서 말한 특징 다섯 번째의 내용만 보면 한국교회의 안타까운 모습도 보이지만 그런데도 한국교회 안에는 이 당시의 사회적 상황으로 인해 높은 사회참여(구제와 봉사)가 나타나기도 했다. 무엇이든지 역사 속에서 해석하지 않으면 제대로 된 해석을 하기 어렵다.

일반적으로 여타 다른 나라의 많은 교회도 구제와 봉사의 사역을 많이 하지만 한국교회는 일제강점기와 6·25전쟁을 거치며 폐허가 된 대한민국을 재건하고 영혼들을 살리고자 하는 분명한 당위성과 필요 때문에 영혼 구원의 사역만큼이나 구제와 봉사 또한 중요한 사역이었다.

당시 한국교회도 마찬가지로 자원이 부족한 상황이었지만 해외 구호단체 등에서 한국교회를 통해 한국 사회에 구제와 봉사 사역을 주도했었다는 것을 한 논문을 통해서 알 수 있다.

> 전쟁이 진행되던 시기의 구호 활동은 외국 구호단체가 주도한 사업이었지만, 이 사업에 한국교회가 참여함으로써 한국교인들은 구호 활동과 사회봉사의 현장에서 일할 기회를 얻게 되었다. 외원단체들은 구호 활동을 통해서 한국인들에게 사회봉사의 중요성을 알려주는 사회교육의 기능도 담당한 셈이었다. 기독교세계봉사회는 한국에서의

구호 활동의 목적 중 하나를 한국교회의 복지사업에 관한 관심의 제고에 두었는데, 기독교인들은 이런 활동에 참여함으로써 구호 및 사회봉사의 중요성을 체험할 수 있었다. 외원단체들은 전쟁이 끝난 후에는 자체적으로 사회사업 인력을 훈련하거나 대학(이화여자대학교, 중앙신학교, 그리스도신학교, 서울대학교 등)에 사회사업과를 설치하도록 함으로써 한국사회의 사회사업 교육에도 크게 이바지했다.

-논문 '한국전쟁 시기 기독교 외원단체의 구호 활동' 중-

실제로 이 논문에서는 기독교세계봉사회에서 1951년 1월부터 9월까지 44,738세대의 224,755명의 전쟁 이재민에게 식량과 분유, 의복과 담요 등의 생활필수품을 제공했으며 1952년 8월에는 280개의 고아원에 30,473명의 고아를 수용해서 살렸다는 내용도 있다.

이 모든 사역에 한국교회가 함께 참여했고, 이는 한국교회 안에 영혼 구원만큼이나 중요한 것이 바로 구제와 봉사라는 것임을 DNA안에 심을 좋은 기회였다. 실제로 오늘날에 와서도 한국교회는 우리나라의 보이지 않는 그늘에서 구제와 봉사를 가장 많이 하는 종교 중 하나다.

국가통계포털에 나와 있는 종교별 봉사활동 현황을 봐도 개신교가 다른 종교들이 하는 봉사활동을 다 합친 분량만큼의 봉사를 감당하는 것을 알 수 있다. 또한, 국내에 있는 종교별 사회복지법인 수를 보아도 개신교가 월등히 많은 봉사를 감당하고 있는 것을 알 수 있다.

개신교 259곳, 불교 152곳, 가톨릭 97곳, 원불교 14곳으로 2~4위를 모두 다 합쳐야 개신교 사회복지법인의 숫자만큼 되는 것을 볼 수 있다.

또한, 전국의 지역아동센터 숫자 3,013개 중에서 절반이 넘는 1,601개소가 개신교 관련 단체라는 것을 보아도 개신교가 사회 곳곳에 얼마나 많은 영역에서 빛과 소금의 역할을 감당하고 있는지 알 수 있다.

요즘 한국교회를 향한 시선이 좋지 않다. 언론에서는 코로나가 확산하는 데 있어서 주범이 마치 교회와 개신교 성도들인 것처럼 전했고, 사회적으로 선한 일을 하는 것마저도 전도를 위한 도구로써 하고 있다는 진정성 없는 구제와 봉사를 한다고 말한다.

언론에서 말하는 것도 많은 사람이 느끼는 것도 중요하지만 그보다 가장 중요한 것은 사실이다. 앞에서도 말했지만, 한국교회는 한국의 모든 종교가 하는 구제와 봉사의 영역 중 절반을 감당하고 있으며, 실제 국민의 복지 수요에 직접 영향을 주는 종합사회복지관은 2016년 9월 기준 한국사회복지관협회 홈페이지에 개시된 414개 중 기독교가 188개(45%), 가톨릭 49개(12%), 불교 49개(12%), 기타 114개(28%)로, 이는 종교단체와 관련 없는 민간단체와 학교법인 등을 모두 합친 수치다.

즉, 국가 복지의 절반가량을 개신교에서 감당하고 있다고 말해도 과언이 아니다. 한국교회는 우리나라에 기독교가 들어온 순간부터 항상 국민과 국가의 어려움을 함께 감당해나갔다. 이것은 오늘날까지도 이어지고 있으며 우리가 알고 있는 한국교회의 이미지와는 전혀 다르게 한국교회는 대한민국의 소외된 자들과 약자들에게 오랫동안 빛과 소금의 역할을 해왔고 해오고 있다.

7) 한국교회의 특징 7: 선교 지향 주의

1950년 6.25전쟁 이후, 한반도는 남한과 북한으로 나뉘게 됐다. 전쟁 이후 국가재건에 양쪽 모두 기를 썼고, 우리 대한민국은 특히나 근대화와 함께 급속한 경제성장을 이룩하게 됐다. 또한 미국의 원조와 함께 민주주의화도 가속화를 밟았는데, 4.19 혁명(1960년)과 5.16 군사 정변(1961년)을 지나 박정희 정권의 새마을운동(1970년대), 광주민주화항쟁(1980년), 대통령 직선제(1987년)까지 대한민국은 민주주의의 급속한 정착을 이루었다.

이에 발맞춰 세계화의 물결에도 함께 올라타고 있었는데 서울올림픽(1988년)을 기점으로 놀라운 경제성장과 세계화가 진행됐다. 여행 자유화와 해외 유학, 무역 증대, UN가입과 함께 수교국의 확대 등 대한민국은 반도 안에서의 삶을 넘어 전 세계를 향하기 시작했다.

이런 시대적 상황에 발맞춰 한국교회도 놀라운 부흥과 성장을 경험했다. 빌리 그래함 서울전도대회(1973년)를 기점으로, 엑스 플로 74(1974년), 민족복음화대성회(1977년), 세계복음화대성회(1980년) 그리고 한국선교 100주년 기념대회(1984년) 등의 대중집회가 성대하게 진행됐다.

특히, 빌리 그래함 서울전도대회는 5일 동안 무려 320만 명의 그리스도인이 참여했었고, 이때 10만 명 가량의 불신자가 예수님을 영접하는 놀라운 일이 있었다.

이후 세계복음화대성회(1980년)에서는 김준곤 목사님께서 10만 명의 선교사 서원을 통해 한국교회 10만 선교사, 100만 성도 비전의 초석이 되는 비전이 선포됐다. 한국선교 100주년 기념대회(1984년)에서는 5일 동안 200여만 명의 기독교인이 참가했다.

이러한 일련의 과정들을 겪으며 한국교회는 세계선교에 대한 꿈과 뜻을 품게 됐다. 3면이 바다로 둘러싸여 있으나 한국교회에 부어 주신 하나님의 꿈과 비전은 상황과 환경을 뚫고 100년 만에 선교사를 받는 국가에서 선교사를 파송하는 국가로 변화하게 했다.

실제로 한국교회는 비전이 있다. 2030년까지 10만 선교사를 파송하는 "Target 2030"이라는 비전이다. 이는 2006년 세계선교대회 때 선포된 비전으로 2006년 세계선교대회 준비를 위해 가진 '2005년 한국교회 선교대표자 회의'때 정해진 비전이다. 이 회의에는 각 교단 대표와 선교책임자 및 선교단체 대표 등 120여 명의 한국선교를 이끄는 영적 리더들이 참여했는데 이곳에서 있었던 내용과 선포된 비전의 내용은 아래와 같다.

시대를 맞아 각 교단과 선교단체 대표자들이 향후 25년 간 10만 선교사 파송의 잠재적 동력원인 85퍼센트의 선교에 동참하지 않는 교회를 깨우기 위한 '2006 세계선교대회'와 '선교전략회의(NCOWE) IV' 준비를 위해 모였다. 한국기독교총연합회(한기총, 대표회장 최성규 목사)와 한국세계선교협의회(KWMA, 대표회장 박종순 목사)는 8월 11일(목) 오전 10시 한기총 세미나실에서 2006 세계선교대회 및 선교전략회의(NCOWE) IV를 위한 '2005 한국교회 선교 대표자 회의'를 각 교단과 대표와 선교책임자 및 선교단체 대표 120여 명이 참석한 가운데 가졌다.

〈한국선교 120주년 기념 비전 선언문〉

1. 우리는 120년 전에 흑암의 이 땅에 언더우드 1세와 아펜젤러 선교사를 포함한 많은 선교사들을 보내사 빛 되신 예수 생명을 주신 하나님께 진심으로 감사를 드리며 그 은혜를 잊지 않고 보답할 것을 다짐한다.

2. 우리는 선교 120년 동안 5만 4천 교회, 1,300만 성도, 13,000여 명 선교사를 파송하는 부흥을 주신 하나님께 감사드리며 전 교회의 선교 활성화 운동, 전 신자의 선교사화 운동을 통해 한국교회의 갱신과 부흥 그리고 세계선교의 사

명을 다할 것을 다짐한다.

3. 우리는 교회, 교단 선교부(회), 선교단체가 거룩한 협력을 통해 앞으로 2030년까지 선교사 파송국 1위를 목표로 세계선교를 위해 총력을 기울일 것을 다짐한다.

4. 우리는 한마음으로 10만 명의 선교 정병과 100만 명의 자비량 선교사를 파송하여 이 목표를 달성하기 위해 구체적으로 행동할 것을 다짐한다.

5. 우리는 세계선교의 주체이자 모판이 지역 교회임을 인정하고 이 비전을 성취하기 위해 한국교회의 50퍼센트 이상이 선교에 적극 동참하도록 총력을 기울일 것을 다짐한다.

6. 우리는 전방개척지역으로 선교 자원을 확산하여 우리에게 맡겨주신 미완성 선교 과업의 성취를 위해 최선을 다할 것을 다짐한다.

7. 우리는 미완성 선교 과업의 성취를 위해 양적 성장 뿐만 아니라 질적 성장도 반드시 필요하다는 것을 인식하고 선교사 토털 멤버케어 네트워크 구축 운동, 선교 신용 평가 시스템 확산 운동을 적극 펼칠 것을 다짐한다.

이처럼 한국교회는 짧은 역사에도 불구하고 놀라운 선교 지향주의적 방향으로 나아왔다. 〈CTS 한국교회를 논하다〉라는 프로그램에서 강대홍 선교사(세계선교협의회 KWMA 사무총장)는 다음과 같이 말했다.

"전 세계에 약 43만 8천 명 정도의 선교사가 파송됐는데 그중에서 우리나라는 미국(1위), 브라질(2위)에 이어 3위로 세계에 선교사를 가장 많이 파송한 나라이다."

실제로 2022년 12월 말 한국교회가 파송한 한국인 선교사는 169개국에 총 22,204명이라고 한다. 100년이 조금 넘는 기독교 역사 속에서 세계선교 3위의 대국으로 설 수 있었던 것은 정말이지 놀라운 열매이다(참고로 선교사 파송연구에 관한 정확한 자료는 찾기가 어렵기에 참고만 하길 바란다).

10년 전 '세계기도정보'에서 조사한 자료에 따르면 선교사 파송 순위 1위는 중국(10만 명)이고, 2위는 미국(9만 3천 5백 명), 3위는 인도(8만 2천 9백 5십 명), 4위가 대한민국(1만 9천 9백 5십 명)이었다.

하지만 한국교회는 하나님 앞에 2030년까지 10만 명의 선교사를 보내겠다는 서원을 했다. 현재까지 누적된 정확한 인원은 알 수 없지만 대략 3만~3만 5천 명 정도로 예상한다. 아직도 약 7만 명의 선교사를 더 파송해야 하는 현실 앞에 서 있다. 2022년 통계로 한국교회 성도는 약 8백만 명 가량 되는 것으로 추정되는 상황이다.

전체 기독교 인구 대비 많은 선교사를 파송한 것은 사실이나 10만 선교사의 서원을 이루기 위해서는 아직도 더 많은 선교사로의 헌신이 절실히 필요한 상황이다. "Target 2030" 비전은 2030년까지 10만 명의 선교사를 파송해 세계 복음화를 완성하자는 한국교회 선교 비전이다. 그리고 이 비전은 한국교회가 반드시 성취해야 할 하나님 앞에서의 약속이다.

8) 한국교회의 특징 8: 끊어지지 않는 영적 리더의 계보

한국교회의 마지막 특징은 끊어지지 않는 영적 리더의 계보다. 여기서 말하는 영적 리더의 계보는 이분들이 영적 계보를 이어왔다는 개념보다는 시기에 따라 하나님께서 각각의 영적 리더를 세우시고 이분들을 통해서 일하셨다는 개념으로 이해하면 좋을 것 같다. 또한, 여기서 말하는 영적 리더가 한국교회 전체를 대표한다고 말할 수는 없지만, 한국교회에 선한 영향을 미친 리더들을 선별적으로 추려서 나눠보려고 한다.

(1) 길선주 목사(1869~1935): 한국교회 회개 운동과 부흥 운동의 첫 불씨

1869년 3월 15일 평안남도 안주에서 태어난 길선주 목사는 평양의 첫 교회인 장대현교회의 담임목사다. 그는 어릴 적부터 진리를 찾고자 하는 갈급함이 컸고, 이로 인해 도교에 심취해 5년이 넘도록 수도승과 같은 삶을 살며 진리를 갈구했다.

그러나 이 과정에서 그는 시력을 잃게 됐고 진리를 찾다 오히려 삶의 소망을 잃기까지 했다. 하지만 그는 친구 김종섭의 권유로 기독교를 접하게 됐고, 『천로역정』이라는 책을 읽고 기독교에 대한 마음을 열고 예수님을 영접했다고 한다.

이후 그는 1903년 평양신학교에 진학해 1회 졸업생이 되어 목회자의 길을 걷게 됐는데 그가 우리 한국교회에 남긴 위대한 업적은 세 가지 정도로 추릴 수 있다.

첫째, '한국교회 부흥의 첫 불씨'였다.

1907년 1월 6일, 그는 장대현교회에서 집회를 하던 중 자신의 죄를 고백하지 않을 수 없는 마음이 솟구쳤다. 그는 약 1년 전, 임종을 앞둔 친구를 찾아갔는데 그 친구가 길선주 목사에게 이런 부탁을 했다고 한다.

"내가 죽으면 내 집사람을 잘 돌보아 주시오. 아내는 일이라고는 해보지 않은 사람이오."

이 부탁에 염려하지 말라고 답했던 그는 친구의 재산을 관리하다 미화 100달러 상당의 돈을 훔치게 됐다. 성령님의 역사하심으로 인해 이를 고백하지 않을 수 없었던 길선주 목사는 강단 위에서 자신의 죄를 고백했고, 이로 인해 당시 장대현교회에 있던 수많은 성도 또한 자신의 죄를 고백하지 않을 수 없는 성령님의 역사하심을 경험해 새벽 2시가 넘도록 자신의 죄를 고백하고, 서로를 용서하는 회개의 불길이 번져나갔다고 한다.

둘째, '민족대표 33인 중 한 사람으로서 민족의 운명을 책임지려했다.'

그는 1919년 3.1운동 때 독립선언서에 서명한 33인 중 한 사람으로서 일제 치하에 있던 민족의 운명을 위해 자기 자신을 내어드렸다. 이로 인해 그는 체포되어 2년 가까이 구류되어 모진 고문을 당하기도 했다.

셋째, '새벽기도 운동의 시작'이다.

한국교회 안에 새벽기도라는 개념이 정착되지 않았을 때, 그는 한국교회 성도들에게 새벽을 깨워 나라와 민족을 위해 기도하자고 주창했고, 이로 인해 장대현교회는 당시 기도하기 위해 새벽을 깨우는 수많은 성도로 붐볐고, 이는 한국교회 새벽기도 문화 정착에 지대한 영향을 미쳤다.

무엇보다 길선주 목사님께서 우리 한국교회에 영향을 미친 가장 큰 부분은 강단 위에서 자신의 죄를 고백했다는 점이다. 이는 영적으로 보자면 한국교회 전체를 대표한 회개이고, 이 회개로 말미암아 한국교회는 부흥할 수 있었다.

1907년 장대현교회에서 있었던 회개와 부흥의 불씨는 한반도 전체를 덮는 회개 운동, 부흥 운동의 시작이 되었다.

1906년 어느 날, 존스턴 박사가 장대현교회에서 설교를 했다. 그는 단상에서 청중을 향해 영국 웨일즈에서 일어난 성령의 역사가 인도에 번져 교회가 크게 부흥하고 있다고 말하며 조선에서 이 부흥의 불씨를 이어받을 사람은 누구

냐며 손을 들어보라고 했다.

어느 사람도 손을 들 엄두도 내지 못할 때 길선주 목사(당시 장로)는 손을 번쩍 들었다고 한다. 그러자 존스턴 박사는 조선 교회가 이 부흥의 불씨를 이어 크게 부흥하게 될 거라고 선포하고 길선주 목사와 교회를 위해 기도했다고 한다.

한 사람의 영적 리더가 민족을 책임지고 나아가겠다 결단하고 그 결단함으로 순결하게 하나님 앞에 섰을 때, 하나님은 그 사람을 통해서 한국교회에 회개 운동과 부흥의 불씨를 허락하셨다. 오늘날 한국교회를 마이너스 성장이라고 말하고 있지만 전 세계를 둘러보면 한국교회만큼 많은 교회와 성도가 있는 나라는 많지 않다. 그리고 이렇게 놀라운 부흥의 시작은 한 사람의 영적 리더가 자기 목숨을 나라와 민족, 하나님의 영광을 위해 드렸기 때문이다.

(2) 주기철 목사(1897~1944): 일사각오로 죽음의 권세와 일본제국주의를 이긴 순교자

1897년 경상남도 창원에서 태어난 주기철 목사는 청년 때 어느 날, 마산교회에서 열린 김익두 목사 부흥회에 참석하게 됐다. 그리고 그는 이곳에서 성령님의 깊은 임재를 경험하게 됐고 이때 목회자의 길을 걷겠다고 결단했다.

그는 평양신학교에서 학업을 마친 후 부산 초량교회, 마산 문창교회에서 약 10여 년 동안 목회했다. 그는 이 두 교회에서 목회할 때에도 신사참배 반대를 위해 경남노회에 신사참배 반대안을 제출하는 등 신앙의 분명한 입장을 고수했다.

1936년 어느 날, 주기철 목사의 은사인 조만식 장로로부터 평양 산정현교회로의 부임 요청을 받고 그는 산정현교회 담임목사로 부임한다. 그가 부임하자마자 했던 첫 설교는 신사참배를 반대한다는 설교였다.

신사참배는 십계명 중에서도 "나 이외에 다른 신을 섬기지 말라"라는 제1계명을 위반하는 것으로 아마데라스오오미까미라는 잡신을 경배하는 것이므로 산정현교회는 신사참배를 절대 하지 않는다는 선포 설교를 했다.

일본 경찰들은 이런 주기철 목사가 눈엣가시와 같았고 1938년 4월, 신사참배를 반대한다는 이유로 주기철 목사를 체포했다. 모진 고문을 하다가 풀어주고, 체포하고 풀어주는 회유와 두려움을 안겨주는 방식으로 일본 경찰들은 주기철 목사가 신사참배 앞에 무릎 꿇기를 바랐지만 주기철 목사는 끝까지 믿음을 지켰다.

그러나 장로교 총회는 1938년 9월, 27회 총회에서 신사참배 안을 가결하며 '신사참배는 종교가 아니라 국가의식'이라며 일본의 우상 신 앞에 무릎을 꿇었다.

이후 1939년 12월 19일에는 평양노회로부터 주기철 목사가 신사참배 결의에 따르지 않는다는 이유로 주기철 목사를 목사직에서 파면했다. 1940년 2월 주기철 목사는 산정현교회에서 '다섯 종목의 나의 기원'이라는 제목으로 마지막 생전 설교를 했는데 그 다섯 가지 기원은 다음과 같다.

> 첫째, 죽음의 권세를 이기게 하옵소서.
> 주님은 나를 위하여 십자가에 달려 죽으셨거늘 내 어찌 이 죽음이 무섭다고 주님을 모른 체하오리까!
> 오직 일사 각오가 있을 뿐입니다.
> 둘째, 오랜 시간의 고난을 이기게 하옵소서.
> 한두 번 받는 고난은 혹 이길 수 있으나 1년, 10년 되는 고난은 참으로 참기가 힘듭니다.
> 셋째, 내 어머니와 처자를 주님께 부탁합니다.
> 짐승도 제 새끼를 사랑할 줄 알거늘, 어린 자식 떼어두고 죽음의 길을 갈 수밖에 없는 이 마음 한없이 괴롭습니다.
> 순교자의 길을 걸어갈 수 있는 용기를 주옵소서.
> 넷째, 의에 살고 의에 죽게 하옵소서.
> 다섯째, 내 영혼을 주님께 부탁합니다.
> 주님, 이 영혼 받아 주시옵소서.

이처럼 주기철 목사는 한국교회가 죽음의 두려움 앞에, 일본 제국주의 앞에 무릎을 꿇을 때 일사 각오의 정신으로 끝까지 믿음을 지킨 위대한 믿음의 선배이자 순교자다. 그가 한국교회에 남긴 업적은 모두가 죽음과 일본 제국주의 앞에 두려워할 때, 두려움을 뚫고 자신의 목숨까지도 아끼지 않고 주님을 위해 드린 것이다. 이 순교적 믿음의 정신은 아직도 우리 한국교회에 남아서 한국교회 안에 그루터기와 같이 남아있는 믿음의 사람들 계보를 잇게 했다.

주기철 목사 한 사람이 무릎 꿇었다면 조선도, 한국교회도 사탄의 권세 아래 들어갔을지 모른다. 의인 한 사람의 인생을 드리는 일사 각오의 믿음이 있었기에 오늘날의 한국교회가 지금처럼 하나님을 믿고 예배할 수 있었다.

(3) 손양원 목사(1902~1950): 사랑으로 원수와 공산주의를 이긴 사랑의 원자탄

1902년 6월 3일, 경남 함안군에서 태어난 손양원 목사는 어릴 적부터 신앙의 가정에서 믿음으로 살아갔다. 실례로 그는 초등학교 3학년 때 학교에서 모두가 '동방요배'(해 뜨는 동쪽의 일본 천황이 있는 곳을 향해 허리를 숙이고 절하는 것)를 할 때, 신앙 양심에 따라 이를 거절했다.

이로 인해 퇴학 처분을 당했으나 맹호은 선교사가 학교에 항의해 다시 학교에 갈 수 있었다고 한다. 1921년 그는 19세의 나이에 일본 스가모중학교에서 공부한 후 1923년 졸업했는데, 당시 나카다 쥬지 목사의 나병 환자들을 위한 급식과 전도 활동에 감명을 받아 자신도 이런 사역에 삶을 드려야겠다고 결심했다.

이후 그는 경남 성경학원에서 주기철 목사를 만나 그로부터 성경과 신앙을 전수받았고, 이후 평양신학교에 입학해 본격적인 목회자의 길을 걷게 됐다. 그는 평양신학교 입학 전부터 부산 감만동 나환자 요양원 교회에서 시무했고, 울산 방어진 교회와 남창교회, 밀양 수산교회, 양산 원동교회 등에서도 사역했다.

평양신학교를 졸업하자마자 그는 전남 여수에 있는 나병원 애양원교회를 담당하게 됐다. 이곳에서 그는 6.25 전쟁으로 죽임당하기 전까지 나병환자들을 사랑으로 섬기고 돌봤다.

그는 온 방 안에 진물과 핏자국으로 엉겨 붙은 나병 환자들의 병실에 들어가 맨손으로 방바닥을 치우고 그들을 위해 기도하고 함께 음식을 나누어 먹기도 했다. 나병이라는 병마를 두려워하지 아니하고 세상에서 버림받은 자들에게 예수님의 사랑을 실천하며 함께 울고 함께 즐거워했던 사람이 손양원 목사였다. 그래서 그는 '사랑의 원자탄'이라는 별명을 갖고 있다. 그가 이런 별명을 갖게 된 것은 나병 환자들을 사랑으로 섬긴 것과 함께 또 다른 한 가지 이유가 있다.

1948년 10월 19일, 여순반란사건이 발생했는데, 당시 제주 폭동 사태를 진압하기 위해 여수에 집결했던 군인 중 공산주의 사상에 물든 남로당 계열의 군인 일부가 반란을 일으켰다. 반란군들은 여수 시내의 경찰들을 죽이고 군청, 역 등 주요 기관을 장악하고 여수와 순천 두 도시를 점령했다. 또한, 이들은 좌익추종세력을 모아 인민위원회를 만들고 자기들에게 동조하지 않는 사람들을 학살하는 만행을 벌였다.

이들에 의해 당시 복음과 민족에 대한 사랑이 가득했던 손양원 목사의 두 아들 손동인과 손동신은 체포되어 인민재판에 넘겨졌다. 그리고는 공산주의 사상에 동조하지 않는다는 이유로 이들은 그 자리에서 즉시 총살형을 당했다. 이 소식을 들은 손양원 목사는 큰 충격을 받았으나 슬픔을 뒤로하고 장례식 때 모든 성도 앞에서 이렇게 고백했다고 한다.

> 나 같은 죄인의 혈통에서 순교의 자식들을 나오게 하였으니 하나님께 감사합니다. 3남 3녀 중에서 가장 아름다운 두 아들 장자와 차자를 바치게 된 나의 축복을 하나님께 감사합니다. 그리고 한 아들의 순교도 귀하다 하거늘 하물며 두 아들의 순교라니, 하나님 감사합니다. 내 두 아들은 분명히 천국에 갔을 것입니다. 그러나 내 아들을 죽인 사람은 지옥의 형벌을 면할 수 없을 건데 그것이 마음에 걸립니다. 나는 사람들이 하나님을 등지고 살다가 지옥에 떨어지는 것이 안타까워 전도하는 것을 업으로 삼은 사람인데, 내 아들을 죽인 죄를 회개하지 않고 죽을 사람을 내 어찌 구경만 할 수 있겠습니까! 나의 사랑하는 두 아들을 총살한 원수를 회개시켜 내 아들로 삼고자 하는 사랑의 마음

을 주신 하나님께 감사합니다.

이후 그는 두 아들을 죽인 안재선이라는 자를 자신의 양아들로 삼고 이름도 손재선으로 개명하게 했고, 손재선은 부산의 고려성경고등학교를 수학한 후 전도사가 되는 놀라운 열매를 맺었다. "너희 원수를 사랑하며 너희를 박해하는 자를 위하여 기도하라"(마 5:44)는 예수님의 말씀을 마음에서부터 실천한, 인간으로서는 도저히 불가능한 사랑을 그는 실제로 실천했다. 손양원 목사가 애양원교회에서 나병 환자들을 돌보며 목회하던 중 6.25 전쟁이 일어났다. 공산군에 의해 한반도 전체가 점령당하고 있었고, 모두가 남쪽으로 피난 가야만 했다.

그런데도 손양원 목사는 나병 환자들을 두고 갈 수 없다며 계속해서 나병 환자들을 돌봤고, 1950년 9월 13일 공산군에 체포당하게 됐다. 그는 당시 고백서라고 하는 것을 쓰라는 공산군에게 이런 고백을 썼다고 한다.

> 일찍이 주님의 부르심을 받았으나 그 하나님의 은혜를 속히 전하지 못하여 삼천리금수강산을 복음화시키지 못한 죄 한이 없고, 주께서 지신 십자가의 피 공로를 깨닫지 못하고 싸우는 현대 인간들에게 복음의 진리를 언행으로 못 가르친 죄 죽어 마땅합니다. 하물며 골육 살상을 일삼고 무력 정복을 꿈꾸는 이 현실에 대하여 무능력하고, 무신하

고, 무애한 이놈의 죄 열 번, 백번 죽어 마땅합니다.

약 15일간 여수 감옥에서 혹독한 고문을 당하던 손양원 목사는 UN군의 참전으로 퇴각하는 공산군의 총살로 1950년 9월 29일 순교하였다. 이처럼 손양원 목사는 한국교회에 두 가지 큰 업적을 남겼다.

첫째, 애양원에서의 사역을 통해 진정한 예수님의 사랑을 실천하는 그리스도인이 어떤 자인지 삶으로 보였다는 것이다. **둘째**, 공산주의가 들이닥치던 남한 땅에 공산주의 사상에 물들었던 한 청년을 예수님의 사랑으로 덮었으며 공산주의에 굴복하지 않는 순교 정신으로 공산주의를 이긴 것이다.

공산주의 사상을 무력으로 이긴 것이 아니라 사랑과 믿음으로 이긴 그의 신앙은 한국교회가 공산주의 사상으로부터 무너지지 않고 오늘의 자유민주주의 속에서 하나님을 섬기고 사랑할 수 있는 영적인 토대를 마련한 위대한 신앙이었다.

⑷ 김준곤 목사(1925~2009): 한국교회 10만 선교사 비전의 초석이 된 그리스도의 청년

1925년 3월 28일 전라남도 신안군에서 태어난 김준곤 목사는 불우한 가정에서 자랐다. 위로는 형 세 명이 있었는데 일찍이 잃었고, 어머니 또한 이른 나이에 잃었다. 또한 아버지와 아내도 6.25 전쟁 과정에서 곤봉과 죽창으로 사살당하는 아픔을 겪었다고 한다.

학창시절에는 먼 길에 있는 학교를 다녔는데, 밥도 제대로 먹지 못하며 항상 외롭다는 생각을 했었다고 한다. 그러던 그는 성결교 신학교를 나온 문준경 전도사를 통해 복음을 접하게 됐고, 6.25 전쟁으로 인해 만주로 피난을 갔을 때 하숙했던 집의 권사님의 영향으로 교회에 나가고 예수님을 영접하게 됐다.

해방 후 한반도로 돌아온 김준곤 목사는 대한예수교장로회신학교에 진학했고 1950년 11월에 장로교 전남노회에서 목사안수를 받고 본격적인 목회자의 길을 걷게 됐다. 1951년 그는 자신의 고향인 신안군에 봉리교회를 개척했고, 이후 법성교회, 광주서교회 등에서 목회를 하다 공부를 위해 1957년 미국 캘리포니아에 있는 풀러신학교에 입학했다.

그는 CCC 단체의 설립자이자 총재인 빌 브라이트 박사를 만나게 되는데 이때 김준곤 목사는 그에게 큰 영향을 받게 된다. 빌 브라이트 박사는 세계복음화의 비전에 사로잡

힌 자로서 전 생애를 통해 그리스도를 전하고자 했다.

그는 세계복음화를 위한 가장 전략적인 방법이 무엇일까 고민하다 미래의 지도자인 대학생과 청년들에게 복음을 전해야 한다는 강한 사명감에 사로잡혔고 이를 위해 CCC(Campus Crusade for Christ)라는 선교단체를 창설하게 됐다.

그는 "오늘의 학원복음화는 내일의 세계복음화! 우리 세대에 지상명령을 성취하자!"는 슬로건으로 전 세계 복음화를 위해 4영리와 함께 〈예수〉(1979년)라는 영화를 개봉하기도 했다.

빌 브라이트 박사에게 영향을 받은 김준곤 목사는 한국으로 돌아와 1958년 11월 한국 CCC, 한국대학생선교회를 창설했고 민족복음화 운동에 앞장섰다. 그는 대학복음화를 통한 민족복음화에 뜻을 두고 대학생 선교에 집중했고 수많은 청년이 개신교에 입교했으며 간사, 목사, 선교사 등으로 헌신하는 열매를 보았고 약 330개 대학에 16,500여 명의 회원을 가진 단체로 세워 나갔다.

그로부터 영향을 받은 자 중에는 복음주의 4인방으로 불리는 사랑의교회 옥한흠 목사, 지구촌교회 이동원 목사, 남서울교회 홍정길 목사(CCC 총무 출신)가 있고, 온누리교회 하용조 목사(CCC 간사 출신), 우리들교회 김양재 목사 등이 있다. 김준곤 목사하면 떠오르는 것 중 하나가 "백문일답"이다.

수많은 청년 앞에서 그는 질문을 한다.

    어두운데 빛은 어디에 있습니까?
    예수 그리스도!
    우리가 먹고 살 생명의 양식은 어디에 있습니까?
    예수 그리스도!
    행복한 결혼생활의 비결은 어디에 있습니까?
    예수 그리스도!
    태어나는 아이들마다 누구의 이름을 불러야 합니까?
    예수 그리스도!
    남북통일의 키는 누가 가지고 있습니까?
    예수 그리스도!
    진리가 어디에 있습니까?
    예수 그리스도!

이렇게 그는 이 시대의 청년들이 예수 그리스도 복음으로 전세계 복음화를 위해 달려가기를 소망하며 약 45년여의 세월 동안 CCC의 대표로서 한국교회와 청년들을 주님께로 인도했다.

또한, 오늘날까지 많은 교회와 성도들에게서 고백 되는 찬양 중에 〈그리스도의 계절〉이라는 찬양이 있다. 이 찬양은 김준곤 목사가 민족복음화의 꿈이라는 시에 나온 내용을 토대로 작사한 곡으로 그의 일생 사명과 꿈이 담겨있는 찬양이기도 하다.

> 민족의 가슴마다 피 묻은 그리스도를 심어 이 땅에 푸르고 푸른 그리스도의 계절이 오게 하소서 오게 하소서. 이 땅에 하나님의 나라가 이뤄지게 하옵소서. 모든 사람의 마음과 교회와 가정에도 하나님 나라가 임하게 하여주소서. 주의 청년들이 예수의 꿈을 꾸고 인류 구원의 환상을 보게 하소서. 한 손엔 복음 들고 한 손엔 사랑을 들고 온 땅 구석구석 누비는 나라 되게 하소서(찬양, 〈그리스도의 계절〉).

김준곤 목사가 한국교회에 남긴 가장 위대한 업적은 한국교회 선교비전을 제시한 것이다. 그는 1980년 세계복음화대성회에서 10만 명의 선교사가 한국교회에서 일어나야 한다며 10만 선교사 서원의 시간을 가졌고 이는 한국교회 10만 선교사, 100만 성도라는 비전의 초석이 되는 선포였다.

그의 민족복음화와 세계복음화를 향한 열정과 헌신은 한국교회 선교운동에 지대한 영향을 미쳤을 뿐만 아니라 많은 한국교회의 영적 리더들이 세워지는 데도 선한 영향을 미쳤다. 또한, 한국교회 선교단체(Para Church) 운동이 활발하게 일어날 수 있는 마중물이 되어 오늘날 300개가 넘는 한국 선교단체에 지대한 영향을 주었다. 그는 예수 그리스도의 빛을 가진 자로서 한국교회가 나아갈 방향을 보여 준 영적 리더였다.

(5) 옥한흠 목사(1938~2010): 평신도를 깨우고 한국교회를 깨운 제자훈련에 미친 광인

1938년 12월 5일 태어난 옥한흠 목사는 4대째 기독교 집안에서 태어났다. 독실한 기독교 집안에서 자란 그는 초등학교 3학년이 되는 해에 사경회에서 예수님을 인격적으로 만났다.

이후 그는 초등학교 때에만 신구약 성경을 몇 번 완독할 정도로 많이 읽었고, 중학교에 가서는 성경을 읽는 것이 재미있기까지 했다고 한다. 주변에서 모두가 목사하라고 말했지만 옥한흠 목사는 '목사는 절대로 안한다'고 했는데 그 이유는 당시 목회자들이 너무 가난했기 때문이며, 당시 사회 분위기가 믿음 좋은 사람은 다 신학교 가라고 말하는 분위기였는데 자신은 그에 대한 반발심이 있었다고 한다.

결국, 하나님의 부르심 앞에 굴복하고 목회자의 길을 걷게 됐다. 총신대학교에서 공부한 그는 신학을 공부하기 전에도 전도사로 사역을 했다. 시골에 있는 교회에서 주일학교 아이들을 대상으로 전도사 역할을 경험한 그가 본격적으로 전도사로서 사역을 시작한 곳은 성도교회다(그 전에 서울 은평교회에서 90여 명의 주일학교 학생을 450명까지 부흥시키기도 했다).

그는 이곳에서 청년부를 담당했는데 당시 청년들은 교회보다는 CCC, 네비게이토 등의 선교단체에 소속되는 경향이 강해서 주일 예배 때 20명이 넘게 나오는 청년부가 손에 꼽힐 정도였다고 한다.

옥한흠 목사 또한 성도교회 청년부 전도사로 처음 시작할 때는 한 명의 청년을 데리고 시작했는데 5년이 지나서는 350여 명 되는 놀라운 부흥을 일으켰다. 그가 이런 부흥을 일으킬 수 있었던 이유는 선교단체에서 하고 있던 제자훈련을 교회에 도입했기 때문이었다.

옥한흠 목사는 이때의 경험을 토대로 좀 더 신학적이고 체계적인 제자훈련에 관한 정리를 위해 미국 유학길에 올랐다. 그는 칼빈신학교에서 석사과정을 마쳤을 뿐만 아니라 유학 과정에서 제자훈련을 통해 건강하게 자라나는 교회들을 보며 제자훈련이 답이라는 확신을 얻게 됐다.

유학을 마친 후, 옥한흠 목사는 그동안 배웠고 정립한 목회 철학을 토대로 교회를 개척하기로 마음먹었다. 당시 그의 나이 40세였다.

1978년 6월, 약 10여 명 정도 되는 성도와 개척한 교회가 사랑의교회의 시작이었다. 그는 오직 하나, 제자훈련을 통해서 평신도가 제 역할을 하는 교회, 그래서 목사들만 일하는 교회가 아니라 훈련된 평신도가 함께 뛰는 교회, 작은 목사들이 수십 명 수백 명 뛰는 교회를 꿈꿨다.

그의 제자훈련에 대한 열정에 하나님은 역사하셨고, 개척한 지 5년이 되었을 때, 성도 수는 500명을 넘어서게 됐다. 그리고 1984년 그의 역작인 『평신도를 깨운다』(국제제자훈련원)라는 책을 통해 한국교회에 제자훈련의 중요성을 널리 전하게 됐다.

또한, 그는 은퇴 나이보다 5년이나 일찍, 65세에 은퇴했는데 이는 사랑의교회를 넘어 한국교회 전체를 섬기기 위함이었다. 1996년 3월, 교회갱신을 위한 목회자협의회(교갱협)를 창립해 금권선거를 뿌리 뽑았고, 1998년 11월, 한국기독교목회자협의회(한목협)을 창립해 한국교회의 연합과 일치를 도모했다.

옥한흠 목사는 한국교회 내에서 지금도 존경받는 목사다. 그는 평신도들을 향해서는 당시 한국교회가 갖고 있었던 사역자 중심주의를 타파하고 평신도들을 사역의 자리에 세운 혁신을 이뤘고, 교회를 향해서는 올바른 교회론과 대사회적 교회의 역할을 정립함으로 교회 개혁이 아닌 교회 갱신을 이뤘다. 마치 제2의 종교개혁처럼 한국교회에 제자훈련이라는 바람을 통해 한국교회 전체의 문화와 풍토를 바꾼 것이 제자훈련에 미친 광인 옥한흠이었다. 그는 한국교회 평신도를 깨웠고, 한국교회를 깨웠다.

(6) 하용조 목사(1946~2011): 한국교회 예배 문화 개혁과 선교 역사에 한 획을 그은 혁명가

1946년 9월 20일 평안남도 강서군에서 태어난 하용조 목사는 어린 시절부터 믿음의 가정에서 자랐다. 그는 교회

문화 속에서 자랐지만, 인격적으로 예수님을 만나지 못한 채 20세까지 지냈다. 그러다 1966년, 복음주의 4인방 중 한 사람인 홍정길 목사의 제안으로 하용조 목사는 CCC 수련회에 참석하게 됐다. 수련회 3일째까지 예수님을 만나지 못한 채 절망하며 하용조 목사는 "하나님 살아계시면 좀 보여 주세요. 내가 하나님을 확인하고 싶습니다"라고 기도했다고 한다.

이 기도 가운데 역사하신 하나님은 하용조 목사를 만나주셨고, 당시 하용조 목사는 예수님이 느껴지고 자신의 죄가 드러나 벌거벗은 것 같은 느낌을 받았다 고백했다. 그리고 자신을 만나주신 예수님 앞에 통곡하며 예수님을 영접했다.

하용조 목사는 대학 진학과 함께 CCC에 들어가 복음주의 4인방인 옥한흠 목사, 홍정길 목사, 이동원 목사와 함께 영성 훈련을 받으며 성장했고, 7년간 CCC에서 활동했다.

그는 27세가 되던 1972년, 장로회신학대학에 들어가 신학 공부를 하고 76년에 목사 안수를 받았다. 이후 그는 전도사 시절 사역하고 있던 마포교회에서의 사역을 내려놓고 연예인교회를 개척한다. 이곳에서 큰 부흥을 이루며 많은 연예인과 성도가 찾는 교회가 되었으나 지병인 간경화로 인해 1981년 목회를 내려놓고 치료와 휴양을 위해 영국으로 떠난다.

그는 영국에서 복음주의 대부 중 한 사람인 존 스토트로부터 많은 영향을 받으며 목회관에 큰 변화를 겪었다. 그뿐만 아니라 영국에 있는 교회에서 형식에 얽매이지 않는 예배, 성령님에 의해 움직이는 예배를 드리면서 하용조 목사는 온누리교회의 예배관을 정립할 수 있었고, 사도행전 교회를 꿈꿀 수 있었다.

1984년 영국에서 돌아온 하용조 목사는 다음 해 1985년에 온누리교회를 개척했다. 열두 가정과 함께 시작된 온누리교회는 그가 소천하기 전 8만 명이 넘는 교인이 등록한 교회로 성장했다.

하용조 목사는 살아생전에 여러 기관 설립과 한국교회에 선한 영향을 미쳤는데 대표적인 예가 두란노서원과 CGN TV다. 두란노서원을 통해서는 「생명의 삶」 QT의 대중화를 실현했고, 「빛과 소금」, 「목회와 신학」 등을 통해 한국교회 평신도와 목회자를 섬겼다. CGN TV는 전 세계에 흩어져 있는 선교사를 섬기기 위한 방송국으로 약 170개 국이 넘는 나라에 복음 영상을 송출하며 선교사뿐만 아니라 복음의 통로로 현재까지도 사용되고 있다.

또한, 그는 한국교회에 복음성가 확산 및 기독교 문화의 대중화에 기여했다. 조금은 경직된 예배 문화를 갖고 있던 한국교회에 온누리교회는 자유로운 예배와 문화적 요소가 어우러진 예배를 지향했다. 그로 인해 다양한 문화공연이 예배 가운데 진행됐고 한국교회 예배 문화를 변화시키는

데 큰 역할을 했다.

또한, 하용조 목사는 지역 교회와 선교단체가 어우러진 교회를 지향했고 이로 인해 온누리교회는 등록 교인이 아닌 성도들을 위해서도 다양한 예배와 내적 치유 사역, 성령 사역 등을 진행했고 현재까지 이어져 오고 있다.

끝으로 하용조 목사는 2000/10,000비전(2,000명의 선교사와 10,000명의 평신도 사역자를 세운다)과 Acts29 비전을 통해 세계선교에 온 힘을 쏟았고, 이로 인해 2023년 현재 온누리교회 누적 파송 선교사는 2,000명을 넘어섰다. 그는 일본선교를 위해 '러브소나타'를 진행했으며 매년 진행된 러브소나타를 통해 일본에 복음의 문이 열리는 데 있어 선한 영향을 주었다.

하용조 목사가 한국교회에 끼친 선한 영향력은 크게 두 가지다.

첫째, 기독교 문화의 개혁이다.

온누리교회는 한국교회에 복음성가가 유행할 수 있도록 했으며 예배 가운데 각종 공연과 문화적 요소를 가미해 한국교회 예배에 새로운 바람을 불러일으켰다. 세상에 뒤처진 기독교 문화라는 현실 속에서 기독교 문화가 한층 더 성장해 세상 사람들을 주님께로 인도하는 통로가 되도록 했다.

둘째, 한국교회 선교 운동이다.

『나는 선교에 목숨을 걸었다』(두란노서원, 2008)라는 책 내용처럼 선교에 목숨을 걸었던 사람으로서 개교회가 2,000명이 넘는 선교사를 파송한, 전 세계에 유래를 찾기 힘든 열매를 맺었다.

또한, 한 민족 품기 운동과 같은 선교 운동을 통해 한국교회 선교 운동에 견인차 구실을 했으며 개교회가 CGN TV라는 방송국을 개국하는 혁명적인 발상으로 전 세계에 흩어진 선교사를 섬긴 혁명적인 목회자였다.

(7) 현재도 영적 계보를 잇고 계신 목회자

사실 앞에서 말씀드린 분들 뿐만 아니라 각 교단마다 교단의 역사를 이끌어오시고 한국교회에 선한 영향력을 끼친 많은 영적 리더가 있다. 다만 한국교회의 역사를 다 알지 못한다는 한계와 다른 영적 리더들에 대한 불충분한 정보로 인해 필자가 영향받은 분들 위주로만 썼다는 점에 양해를 구한다.

실제로 복음주의 4인방으로서 아직도 한국교회에 크고 선한 영향력을 나타내고 있는 홍정길 목사님과 이동원 목사님, 얼마 전에 은퇴하셨지만 한국교회 안에 '나는 죽고 예수로 사는 진짜 복음'으로 많은 성도에게 복음의 통로가 된 유기성 목사님, 일만 성도 파송 운동으로 한국교회 안에 있는 개교회 중심주의를 타파하고 한국교회를 살리고 계신 이찬수 목사님, 하용조 목사님의 뒤를 이어 온누리교회를 사도행전적 교회로 잘 계승해 나가고 계신 이재훈 목사님, 미국에서 한인 교회를 개척해 3,000명 가량 되는 교회로 부흥시키고 강남중앙침례교회로 부임해 한국교회 살리기에 전심을 다하고 계신 최병락 목사님까지 아직도 한국교회에는 믿음의 선조들이 물려준 영적 계보를 잇는 위대한 목회자분들이 계시다. 이러한 분들이 계시기에 하나님께서는 한국교회에 둔 촛대를 옮기지 않고 여전히 한국교회를 사용하시고, 세계 열방을 섬기게 하고 있다.

3. 한국교회 목회자의 삶

한국교회 목회자들의 삶에 대해서도 짧게 나눠보려 한다. 아마 대부분 사람이 대략 목회자의 삶이 어떤지는 알고 계실 것 같다. 그런데도 나누는 이유는 조금이나마 더 목회자의 삶을 알고 이해할 수 있도록 하기 위함이다.

1) 목회자의 하루, 일주일, 일 년의 삶

교회와 상황에 따라 다르지만, 일반적인 목회자의 하루와 일주일, 일 년에 대해 나누고자 한다. 대부분 목회자는 새벽기도 일정에 맞춰 하루를 시작한다. 새벽기도 시간은 5시, 5시 반, 6시, 6시 반 등 교회마다 다른데 대부분 새벽기도 시작 1시간~1시간 반 전에 기상해서 교회로 출근한다.

평균적인 새벽기도 시간이 5시 반 정도이기에 5시 반에 맞춰서 그날 할 일을 나눠보면 대략 새벽 4시~4시 반에 기상한다. 이후 씻고 간단한 아침 식사를 한 후 새벽기도 시작 20~30분 전까지 교회에 도착해 교회 문을 연다.

겨울에는 성도님들이 따뜻하게 기도할 수 있도록, 여름에는 시원하게 기도할 수 있도록 히터 또는 에어컨을 켜서 준비한다. 또한, 방송시스템이 잘 나올 수 있도록 준비를 하거나 찬양 인도를 할 수 있도록 준비해 놓는다.

새벽기도 시간이 되면 찬양 한 곡과 함께 시작하고 설교와 기도를 대략 20~30분 이내로 진행한다. 그럼 약 6시 정도가 되고 이후에는 자유롭게 기도를 한다. 대부분 사역자는 새벽기도 시간 외에는 시간을 내서 기도할 시간이 없으므로 이때 약 30분~1시간 이상 기도한다. 이렇게 기도하면 7시 정도가 된다.

사역자들이 조용히 하나님 말씀 앞에 나아가고 독서를 할 수 있는 시간 또한 이 시간이다. 그래서 대부분 사역자는 7-9시 사이의 시간에 말씀을 읽거나 독서를 하거나 운동을 한다. 이렇게 오전 시간을 보낸 후 9시부터 본격적으로 교회사역을 시작한다.

9시부터 5시 또는 6시까지의 시간은 전쟁과 같은 시간이다. 교회마다, 또 사역의 규모에 따라 다르겠지만 중대형교회 이상의 교회 사역자들은 쉬는 시간, 밥 먹는 시간도 부족할 정도로 사역하는데 많은 에너지를 쏟아야 한다. 사역은 너무나도 다양하고 많아서 어떤 것을 한다고 말할 수 없다. 교회행정, 목양, 회의, 교재 집필, 사역 기획, 설교 준비, 예배 준비, 교육 준비 및 진행, 청소, 현수막 교체, 선물사기 등 너무 다양하다.

정해진 시간 외에도 가끔 장례가 나면 새벽이고 밤이고 할 것 없이 없는 시간조차도 만들어서 장례를 가야 하고, 주말에는 결혼식이 있으면 가야 하고, 가게 창업 등의 축하할 일이 있으면 창업감사예배를 드리고, 심방이 잡히면 심방 예배, 새로운 집으로 이사를 하게 되면 입주감사예배를 드리는 등 눈코 뜰 새 없이 바쁜 것이 사역자 삶이다.

이렇게 하루 사역을 마치고 나서 집에 오면 저녁을 먹고 집안일을 한다. 아이가 있는 부모들은 아이와의 시간을 가져야 하고, 아내 또는 남편과의 시간도 보내야 한다. 이후의 삶은 대부분 직장인과 비슷한 삶이지만 설교 준비를 위해서 이런 시간도 많이 할애할 수 없다.

설교 준비라는 것이 한 번의 설교만을 위한 준비가 아니라 지속적인 공부와 준비를 통해서 나오는 것이 설교이기 때문에 설교 준비시간, 즉 공부시간은 시간이 될 때마다 확보해야 한다.

어떤 사역자들은 박사 과정을 밟거나 다른 공부와 자격증 시험을 준비하기도 해서 저녁 시간에도 시간을 쪼개서 공부하고 수업을 들어야 한다. 그리고 이렇게 하루를 정신없이 보내고 나면 어느덧 10시, 11시가 된다. 그러면 씻고 내일 출근 준비 및 사역준비를 마친 후 11시, 늦으면 12시쯤에 잠이 든다. 많아야 5시간 정도를 자는 게 일반적인 사역자들의 삶이라고 볼 수 있다.

목회자의 일주일을 본다면 이런 날의 반복이라고 볼 수 있다. 사역자들은 월요일이 쉬는 날이다. 화요일은 수요예배 준비, 목요일은 금요예배 준비, 토요일은 주일예배 준비를 해야 하기에 주 6일을 근무한다. 일반적으로 수요일에는 두 번의 예배가 있는데, 수요 오전예배는 대부분 10시 또는

11시에, 수요 저녁예배는 7시 또는 7시 반에 예배를 드리며 대략 1시간~1시간 반 정도를 드린다.

금요예배는 대부분 저녁 8시 또는 9시에 예배를 드리고 대략 2~3시간, 많게는 4시간까지 드리기도 한다. 주일예배의 경우, 교회의 크기마다 다르지만 대부분 예배가 1~2회로 그치는데, 대형교회의 경우는 4~5회, 많게는 6~7회까지 드리기도 한다. 그러면 새벽 6시쯤 출근해서 짧으면 오후 2~3시, 늦으면 저녁 8~9시에 퇴근하기도 한다. 현재 필자가 사역하고 있는 교회의 경우는 주일 오전 6시 반까지 출근, 오후 5시 퇴근하며 5번의 예배가 있다.

사역자들의 일 년을 본다면 이는 교회마다 많은 차이가 있을 것이지만 일반적으로 시기별 이벤트를 통해서 말해보고자 한다.

일반적으로 1월부터 연초에는 연초행사를 진행하고, 2~3월까지는 대 심방 기간을 보낸다. 사역자들이 각자 맡은 구역에 따라 성도들을 심방하고 교제하는 기간이다. 4월에는 부활절 행사를 준비하고, 5월에는 가정의 달 행사를 준비한다. 6월에는 여름 사역, 그중에서도 전교인 수련회 또는 단기선교 등을 준비하고 7월에 대부분의 수련회와 단기선교를 다녀온다.

8월 한 달은 잠깐의 휴가철 휴식 기간을 보내는데, 이때에도 대부분 사역자는 하반기 행사를 준비한다. 9월부터 약 한 달간 하반기 심방 기간을 가지고 10월에는 각 사역팀별로 리트릿 등을 진행하며 11월까지 진행되는 한 해 사역 사이클을 정리한다. 11월에는 추수 감사 주일을 준비하고 12월은 크리스마스 준비와 함께 연말 행사 준비 그리고 한 해 사역 보고 및 마무리 등을 진행한다.

이런 굵직한 행사들을 매달 진행하면서 상하반기 각종 교육을 진행하고, 사역자세미나, 목자 세미나, 교사 세미나, 장로 권사 세미나, 창립 주일예배 등도 진행한다. 교단 차원에서 진행하는 행사에도 참여하고, 지역사회와 함께하는 일에도 솔선수범한다. 위에서 다룬 내용은 교회마다 다르겠지만 일반적으로 교회가 하는 연중행사들의 기본적인 모양이라고 볼 수 있다.

2) 목회자 사모와 자녀의 삶

목회자의 삶은 바쁘다. 주 5일 40시간 근무라는 개념은 목회자에게는 적용하기 어려운 부분이다.

자기권리를 주장하는 관점에서 보자면 노동 착취이자 과하다 못해 어떻게 저런 삶을 살 수 있는가?

이런 생각이 들 수 있지만 사명자인 목회자들은 결코 그렇게 생각하지 않는다. 인간이기에 중간중간 현타(현실자각 타임)가 올 때도 있지만 분명한 하나님의 부르심이 있고, 또 목회자로서 꿈꾸는 지향점이 있기에 목회자들은 절대 무너지지 않고 자기를 쳐 복종하며 더 헌신하려 한다.

그런데 사실 이렇게 할 수 있는 이유는 가정에서 사모의 헌신이 있기 때문이기도 하다. 뒤에서도 다루겠지만 목회자들의 재정은 그리 녹록지 않다. 그런데도 믿음으로 살아가기 때문에 부족한 재정의 영역을 감내하면서 달려간다. 그리고 이 부분에서는 사모의 역할이 크다. 대부분 사모는 쓰리잡을 한다.

하나는 사모, 다른 하나는 육아 및 가사, 또 다른 하나는 직장이다. 남편 목회자가 사역을 위해 집을 비울 때 그 공간을 감당해 주는 역할을 사모가 한다. 그래서 사모 또한 웬만한 믿음으로는 감당하기 어려운 위치이기도 하다.

실제로 한국교회 안에서 사모는 제일 아래에 있다. 항간에 들리는 말에 의하면 교회 질서는 장로–담임목사–성도–부교역자–사모 순이라는 말이 있을 정도로 사모의 위치는 대접받지 못하는 위치에 있다. 사모이기 이전에 한 사람으로서 자기 본연의 모습대로 행동할 수 없을 뿐만 아니라 성도들의 기준에 맞는 사모 역할을 하지 못하면 가장 쉽게 욕먹는 대상이 사모다.

그뿐만 아니라 성도들의 불만은 담임목사에게는 잘 들리지 않더라도 사모에게 들어간다. 사모의 위치가 가장 쉽게 불평불만을 토로할 수 있는 창구로 여겨지기 때문이다. 그러면서도 이것을 감당하며 교회 안에서는 궂은일을 감당한다. 필요에 따라서 건반이면 건반, 청소면 청소, 요리면 요리, 상담이면 상담 등 모든 일을 군소리 없이 감당해야 하는 자가 사모다.

  그러면서 집에서는 육아와 가사도 담당해야 한다. 대부분의 사역자 남편이 새벽에 나가서 저녁 또는 밤에 들어오다 보니 육아와 가사 대부분도 사모가 담당한다. 아이들을 키우는 것 하나만도 벅찬데, 이들을 또 성경적 가치관을 지닌 자녀로 양육하며 가장 많은 시간을 보내는 것 또한 사모의 일이다. 그뿐만 아니라 음식, 청소 등도 시간이 될 때는 남편 사역자가 하지만 너무 바쁠 때는 사모가 감당하기 일쑤다.

  사모들은 자녀가 어느 정도 크면 직장을 다니기도 한다. 사모들의 직업은 일반화할 수 없지만 대부분 자신이 과거에 공부했던 것을 토대로 아르바이트를 하는 경우가 많다. 내가 주변에서 본 사모님들의 직업은 심리상담사, 초등학교 방과 후 강사, 요양원 도우미, 사회복지사, 피아노 강사 등이 있었다. 얽매여 있지 않으면서도 사람을 섬길 수 있고, 조금이나마 가정재정에 도움이 되는 쪽으로 일하는 것을 볼 수 있었다.

  이것이 사모의 삶이라면 자녀들은 어떤가?

  이 또한 일반화할 수 없지만, 자녀들 또한 아빠 목회자의 삶을 따라간다. 어릴 적에는 아버지가 목회자라는 이유만으로 다른 아이들보다 높은 기준을 요구받으며 살아가야 하고, 자신의 이야기가 교회 모든 성도의 입에 오르내리는 삶을 살아야 한다.

물론, 어떤 면에서는 모든 성도로부터 사랑받으며 자라 건강하게 자라나는 경우도 볼 수 있지만 내가 본 대부분의 PK(Pastor's Kid)는 PK이기에 요구되는 사항에 자신을 맞추다 역효과를 보는 경우를 더 많이 보았다.

하나님의 율법과 사람의 눈치를 맞춰가다 이후에는 교회의 필요를 채우는 땜빵(?)의 삶을 살게 된다. PK 중에서 악기 하나 다루지 못하는 것을 본 적이 없다 싶을 만큼 누구나 다 건반, 기타, 드럼 등을 조금은 다룰 줄 안다. 예배를 섬길 인원이 부족할 때는 가장 첫 번째 일꾼이 바로 PK이기 때문이다.

일찍부터 예수님을 만난 경우에는 PK들이 혼란스러워하지 않지만 예수님이 누군지 그리고 자신의 인생에 예수님이 실제가 되지 않은 상태에서 자신이 원치 않는 종교 행위를 부모에 의해 하게 될 경우에는 역효과가 날 수 있는 위치가 PK의 위치다.

이들은 어릴 적부터 항상 누군가의 눈치를 보며 살아왔다. 그러면서 또 목회자이면서 부모이기도 한 아빠 엄마의 모습을 보며 혼란을 겪으며 자라기도 했다. 그래서 PK 자녀 대부분에게 꿈을 물어보면 '목사나 사모가 되지 않는 것'이 첫 번째 꿈이라고 한다.

하지만 어릴 적부터 예수님을 만나고 또 교회 안에서 사랑받고 자란 PK들은 놀라운 성인기를 보내는 것을 볼 수 있다. 실례로 2대, 3대, 4대째 목회자의 계보를 잇는 목회자들을 보면 떡잎부터 다른 것을 볼 수 있다.

나이에 비해 성숙하고, 준비됐으며, 각종 은사가 잘 훈련된 모습을 통해 한국교회를 살리는 목회자로 어릴 적부터 세워져 나가는 모습을 보게 된다. 필자는 불신자의 가정에서 자라 스물여섯 살부터 신앙생활을 시작했는데 주변에서 잘 성장한 PK들, 그 중에도 목회자의 길을 걷겠다고 하는 자들을 보면 부럽기 그지없다. 많은 영적인 유업을 물려받았을 뿐만 아니라 다양한 진로지도를 받을 수 있었고(해외유학 또는 선교의 경험 등), 무엇보다 개척해도 부모 교회의 성도들이 함께 힘 써주는 등 많은 유익이 있는 것을 볼 수 있다.

비록 PK가 목회자의 길을 걷지 않더라도 이들은 어릴 적부터 자라온 교회라는 곳이 있기에 언제든 돌아갈 수 있는 고향이 있다는 점도 매우 긍정적인 부분이다. 또한, 자신도 알지 못하지만, 목회자 자녀로서의 삶을 살아가며 쌓인 하나님의 말씀, 내공이 있어서 누군가를 만났을 때나 자녀를 양육하는 데도 결코 무시할 수 없는 놀라운 결과를 만들어 내는 것을 볼 수 있다.

두 사람의 예를 들고자 한다. A라는 친구는 목회자 자녀로 자랐지만 예수님을 알지 못한 채 종교로서 기독교를 접한 친구다. 자신이 예수님을 안다고 생각하며 열심히 신앙생활을 했고, 교회사역뿐만 아니라 선교단체에서도 사역하며 선교사의 꿈을 꾸며 달려갔다.

하지만 사람에게 받은 상처와 하나님에 대한 오해가 쌓이면서 결국 완전히 예수님을 떠나게 됐다. 현재는 기독교를 저주하고 핍박하는 자가 되어 부모님이 계신 교회조차 나가지 않고 있다.

이에 반해 B라는 친구는 부모님이 목회자이자 선교사인 자녀다. 이 친구는 어릴 적부터 예수님을 알고 사랑했으며 자신의 꿈 또한 부모님과 같은 선교사가 되는 것이 꿈인 친구다. 어릴 적부터 영혼을 섬기고 사랑하는 법을 부모님으로부터 보고 배웠으며 말씀을 가까이하며 말씀으로 양육하는 것을 훈련받으며 자랐다.

이것은 그대로 이어졌고 현재 B친구는 작은 공부방을 운영하며 다음 세대에 영어와 함께 말씀을 가르치고 있으며 각종 영혼을 만나 소그룹으로 양육하며 가르치는 사역에 매진하고 있다. 그리고 향후에 부모님께서 하셨던 선교지에서의 사역에 그대로 자신도 인생을 드리려고 준비 중이다.

3) 목회자의 재정

목회자의 재정은 참 다루기 쉽지 않은 부분이다. 왜냐하면, 목회자에게 있어서 재정은 현실이기도 하면서 동시에 믿음의 영역이기 때문이다. 우선 『한국 교회 트렌드 2023』이라는 책에 나오는 글을 소개하고자 한다.

예장통합교단 목회자를 대상으로 한 "코로나19 이후 한국 교회 추적조사(목회자 3차)"에서 담임목사 월 사례비를 조사한 결과, 월 평균 사례비는 239만 원으로 집계되었다. 전체 목회자의 70.5퍼센트가 299만 원 이하의 사례를 받는 것으로 나타났다. 전체적으로 보면 45퍼센트의 목회자가 최저임금 수준 이하의 월 사례비를 받는 것으로 나타났다. 구간별로 살펴보면, 사례비를 아예 받지 않는 비율이 7퍼센트였고, 500만 원 이상 되는 목회자는 6퍼센트였다. 교회 규모별로 살펴보면 29명 이하 소형 교회는 월 평균 113만 원, 30-99명은 205만 원, 100-499명은 320만 원, 500명 이상 대형교회는 497만 원으로 집계됐다(한국 교회 트렌드 2023 p.251-252).

이 글만 봐도 목회자의 재정이 얼마나 쉽지 않은지 대략 알 수 있을 것 같다. 일단 현실적인 부분에서 먼저 이야기를 하자면 사실 이 정도의 재정으로는 현실을 살기가 쉽지 않다. 한 달 한 달을 살아갈 수는 있겠지만 미래에 어떤 일이 일어날지 모르기에(질병이나 사고 등) 이를 대비할 수 있으려면 더 많은 재정이 필요한 것이 사실이다.

실제로 모 대형교회 담임목사님께서는 설교 중에 "서울 수도권에 있는 사람으로서 4인 가구 기준으로 볼 때 한 달에 400만 원은 있어야 목회자도 가정에 대한 걱정 없이 목회에 집중할 수 있는 것 같다"라고 말했다고 한다.

그 뿐만 아니라 실제로 필자가 각종 청빙 게시판 등을 통해서 보면 대부분의 목회자 사례비는 여기에 준한다고 볼 수 있다. 파트 사역자(주 2~3회 사역)의 경우 80~120만 원 사이, 준전임사역자(주 3~4회)의 경우 120~150만 원 사이, 전임사역자(주 6회)의 경우 180~250만 원 사이가 대부분이었다.

전임사역자의 경우는 사택 지원을 해주거나 최대 300만 원 가량의 사례비를 주는 경우도 있었지만, 이는 소수에 불과했다. 이렇게 적은 사례비를 받으면서 동시에 학비도 내야하고, 가정도 책임져야 하는 것이 목회자의 현실이다.

통계청 조사에 따르면 2023년도 4인 가구 중위소득(전 국민 가구소득의 중간 값)은 540만 원이라고 한다. 1인 가구 중위소득이 207만 원, 2인 가구 중위소득이 345만 원 정도인데, 대부분 목회자는 1인 가구 또는 2인 가구 중위소득 정도로 3인 또는 4인이 살고 있다는 것이다.

하지만 믿음의 눈으로 목회자의 삶을 본다면 감사할 수밖에 없다. 필자는 선교단체에서 간사로의 기간을 보낸 적이 있는데, 당시 간사들은 한 달에 10만 원의 차비 이외에는 어떤 재정적 지원도 없었다. 그렇지만 놀랍게도 재정 때문에 사역을 못 하거나 삶을 살아내지 못한 경우는 없었다.

오히려 약 1년 반의 간사 기간 동안 필자는 한 학기만 다니고 관뒀던 대학원 학비 700여 만 원을 다 갚았고, 간사 기간에 단기선교만 2번을 다녀왔다(한 번 갈때 약 200~250만 원 정도의 재정 필요). 재정의 영역이 하나님께서 주관하시는 영역이라는 것을 분명하게 느낄 수 있는 시간이었다.

이렇게도 살았는데 목회자는 어떤가?

적어도 매달 100~200만 원 이상의 고정적인 사례비가 있다는 것은 이것만으로도 축복인 것이다. 오히려 재정을 써가면서 하나님을 섬기는 것이 맞음에도 불구하고 목회자는 고정적인 사례비를 받으며 살아갈 수 있다는 것이 축복이다. 이뿐만 아니라 주변에 있는 많은 성도님께서 헌신하는 목회자들을 위해서 격려금도 주시고, 선물도 주시는 경우도 있다. 이렇게 목회자에게는 계획에 없는 까마귀의 방문이 가끔씩 있다.

그 뿐만 아니라 현재 내가 속한 교회 목회자 중에서 나를 제외한 모든 분은 다 한대 이상의 자동차를 소유하고 있다. 비록 넉넉하지는 않지만, 결코 부족하지 않은 것이 목회자의 삶이다. 믿음의 눈으로 본다면 내 인생 전체를 드려서라도 하나님을 섬겨야 하는 부르심의 위치가 목회자의 자리인데, 하나님께서는 이런 목회자들을 그냥 내버려 두지 않으시고 사례비라는 통로로 입히시고 살리고 계신다.

4) 오늘날의 목회자 세 가지 이슈와 두 가지 희망

오늘날의 목회자에게는 세 가지 이슈가 있다. 재정의 문제, 줄어드는 성도의 문제, 목회자 진로의 문제다.

첫째, '재정 관련 이중직 목회자의 삶'이다.

재정 문제로 인해 요즘 목회자들은 이중직 목회자의 삶을 살고 있다. 이것이 신학적으로 맞느냐 아니냐에 대한 논의와 교단 차원에서 허용해야 하는가 아닌가에 대한 여러 논의가 TV와 책을 통해 나오고 있다.

그런데 요즘의 분위기는 '이중직을 허용하느냐 마느냐'를 넘어서 '이중직을 어떻게 할 것이냐'에 대한 논의로 가는 것을 볼 수 있다. 실제로 2022년 예장통합총회에서는 이중직 허용에 대한 논의를 진행했고, 총신대에서는 2023년부터 '이중직 목회'라는 과목을 개설한다는 기사가 나오기도 했다.

실제로 코로나를 지나면서 교회재정이 어려워지고, 또 목회자는 늘어나지만 성도는 줄어드는 현실적 상황에서 이중직은 피할 수 없는 선택이라는 의견이 지배적이다. 그래서 얼마 전에는 『우리는 일하는 목회자입니다』라는 책이 출간되기도 했다. 이 책에 나오는 내용 중에는 이런 내용도 있다.

> 저도 전임(full-time)하면서 몰래몰래 알바했었어요. 제가 중소형 교회에 있었는데 충격적이었던 게 … '아, 사역자들은 월급이 이 정도구나.' 전임하면서 한 달에 80만 원만 받았었어요. 저희 교단은 특히 가난하고 돈이 많지 않아요. 근데 그것도 몰랐어요. 나중에 알았어요. 그때는 너무 무지했고, 신앙이 순진했죠 … 그때 담임목사님 마인드

가 '죽으면 죽으리라.', '돈 벌면 안된다.' 그런 마인드였어요. "80만 원 적을거야, 그걸로 알뜰살뜰 알아서 해." 1년에 한두 번 상여금도 줬었는데, 너무 웃음 나올 정도로 주셨고, 대학원 가면 등록금 지원해 준다고 했지만 … 지원해 주지 않으셨어요(R전도사, 30대, 기간제 교사).

이처럼 오늘날 목회자들의 삶은 현실을 살아내면서 믿음으로 살아가는 것을 보여 줘야 하는 분투의 삶이다. 예수님께서도 말씀하셨다.

> 예수께서 대답하여 이르시되 기록되었으되 사람이 떡으로만 살 것이 아니요. 하나님의 입으로부터 나오는 모든 말씀으로 살 것이라 하였느니라 하시니(마 4:4).

이 말씀은 사람이 하나님의 입으로부터 나오는 모든 말씀으로 살아야할 것을 강조하는 말씀이다. 당연하다.
말씀에 생명이 있으니!
그러나 "떡으로만 살 것이 아니요"라는 부분에서 말하듯이 먹는 것도 살아가는 데 있어서 매우 중요하다. 성속 구분의 이원론에서 벗어나서 현실을 바라본다면 둘 다 필요하다. 목회자가 살아가면서 겪게 되는 현실적 문제 앞에서 이중직을 한다고 해서 결코 믿음이 부족하다고 말할 수 없다.

실제로 바울 또한 사도행전에서 브리스길라와 아굴라와 함께 시간을 보낼 때 '생업'으로서 천막 만드는 일을 했다. 그의 주된 삶은 "안식일마다 회당에서 강론하고 유대인과 헬라인을 권면"(행 18:4)하는 일이었으나 생업을 위해서 자신이 가진 은사와 능력과 시간을 사용했다. 그에게 있어서 천막 만드는 일은 복음을 증거하기 위한 과정 중 하나였다.

실제로 필자 역시도 신학생으로 살아가는 동안 여러 아르바이트를 했다. 도서관 책 정리알바, 택배, 일일 프로모션, 생동성 아르바이트(비추천한다) 등의 아르바이트를 하면서 책값과 학비, 생활비를 벌었다. 아니 이는 필자뿐만 아니라 대부분 신학생이라면 반드시 거쳐야하는 과정 중 하나다. 공부를 위해, 하나님의 사람으로 준비되기 위해 재정 싸움을 이겨내는 것이다.

그런데 왜 이는 신학생일 때는 허용되고 목회자로 살아갈 때는 허용되지 않는가?

신학생일 때도 신학도의 삶은 이미 하나님께 헌신된 삶이고 목회자도 마찬가지로 하나님께 헌신된 삶을 살아간다. 둘 다 변함없다. 신학생은 돈을 벌어도 되고 목회자는 믿음으로 살아야한다는 기준은 적합한 기준이라고 볼 수 없다.

뒤에서 나누겠지만 어떤 면에서 보면 목회자가 자기 삶의 문제, 생계의 문제를 스스로가 책임진다는 것은 교회 공동체가 제 기능을 하고 있지 않다는 것으로 해석하는 것이 더 옳다고 본다. 재정의 문제는 목회자뿐만 아니라 교회 공동체가 함께 짊어지고 가야할 부분이다.

둘째, '줄어드는 성도의 문제'다.

사실 성도들이 줄어드는 것은 앞에서 다룬 재정문제와도 연결되지만, 그보다 더 근본적인 문제는 교회 간의 경쟁과 함께 나타나는 성도 수의 빈익빈 부익부 현상이다. 과거 80년대부터 2000년대 초반까지만 해도 교회를 개척하기만 하면 성도들이 구름떼처럼 몰려왔다고 한다.

이는 하나님께서 주신 은혜요, 부흥의 때에 많은 성도가 주께로 돌아오는 기적과 같은 시기였기에 가능했다. 하지만 요즈음은 이런 현상을 눈 씻고 찾아봐도 보기 어렵다. 우선 전도가 어려운 시대가 되었고, 어떤 한 교회에 성도가 등록하기 위해 찾아오는 것은 당연한 일보다 특별한 일이 되었다.

실제로 필자가 알고 있는 지방의 한 교회 목사님께서는 한 해 동안 우리교회에 새신자로 등록한 사람이 한 명도 없었다는 이야기를 전하기도 했다. 이것이 오늘날 교회의 현실이다. 또한 교회에 새신자로 등록하는 사람 중 대부분은 다 기신자였으나 타교회에서 상처를 받거나, 이사를 하거나, 기존교회 목사님의 설교보다 더 좋아서 등등의 이유로 등록한 수평 이동 성도가 대부분이다.

필자가 섬기고 있는 교회는 어려운 한국교회 상황 속에서도 부흥하는 교회 중 하나인데, 올해 2월부터 7월까지 총 6개월 동안 등록한 성인(20세 이상)이 약 180여 명 정도 된다. 그러나 이들 중에서 초신자는 20명 조금 넘는다.

즉, 10퍼센트 조금 넘는 인원을 제외하고는 모두가 다 수평이동으로, 교회에서 교회로 옮긴 신자들이라는 것이다. 결코 좋은 현상이라고 볼 수 없다. 게다가 수평 이동으로 오시는 분들 대부분이 목사님의 설교가 좋아서 이동한다고 답변하는데, 이렇게 되면 상대적으로 설교력이 부족한 목회자들이 섬기는 교회의 성도들은 교회에서 조금만 문제가 있거나 어려움이 생기면 설교가 좋은 교회로 옮겨가게 되는 현상이 나타난다는 것이다.

이것이 바로 오늘날의 목회자들이 겪고 있는 성도 수의 빈익빈 부익부 현상이다. 능력이 좋은 목회자는 더 많은 성도를, 그렇지 못한 목회자는 계속해서 성도를 잃는 현상을 보게 된다는 것이다. 성도들에게는 더 큰 은혜를 받을 수 있는 교회로 이동할 수 있는 선택권이 주어진다는 의미에서 긍정적인 측면이나 목회자의 입장에서는 경쟁해야 할 목회자가 지역 교회를 넘어서 대한민국 전역이 되는 어려운 상황을 맞이하고 있다. 그리고 이런 상황은 자연스럽게 세 번째 목회자의 이슈와 맞물리게 된다.

셋째, '목회자의 진로' 문제다.

앞에서 말한 것처럼 성도 수의 빈익빈 부익부 현상, 근본적으로는 성도 수 자체가 줄어드는 시대적 상황이다 보니 교회 수도 점점 줄어들고 있다. 이로 인한 목회자의 진로문제는 어제 오늘 일이 아니다. 실제로 신학도로서의 3년의 시간을 뒤로 하고 졸업하는 목회자가 한 해에만 천명이 훨씬 넘지만 교회는 줄어드는 상황에서 갈피를 잡지 못하는 목회자들이 한 둘이 아니다.

필자가 다녔던 신학대학원에서도 졸업 전에 약 60여 명의 목회자 후보생 중 전임사역에 뛰어든 사람, 또는 개척에 뛰어든 사람은 3분의 1이 채 되지 않았다.

물론, 40~60대인 분도 꽤 계셨기 때문일 수도 있지만, 대부분이 일반 직장인으로서 삶 속 그리스도의 향기를 전하는 삶을 택하는 것을 볼 수 있었다. 어쩌면 이는 당연한 선택일 수도 있다.

앞에서 말한 것처럼 경쟁해야 할 유능한 목사님들이 차고 넘치는 세상에서 내가 교회를 개척하거나 전임 사역에 뛰어드는 것이 과연 경쟁이 될까? 이런 생각을 해본다면 쉽게 YES라고 말하기 어렵기 때문이다. 이는 마치 오늘날 자본주의 시스템 속 대기업들이 주름잡고 있는 시장에 혈혈단신으로 뛰어드는 한 청년의 모습처럼 보인다.

이뿐만 아니라 목회자로서의 길을 걸어도 여러 어려움이 있다. 현실적으로 대부분 교회에서 부목사의 삶을 살거나 아니면 담임 목회자의 삶을 살아가는 데 있어서 마지노선처럼 정해진 나이는 만 40~45세 정도다.

부교역자를 뽑을 때는 만 40세 이하의 부교역자 뽑기를 선호하고, 담임 목회자를 청빙할 때에는 만 45세 이하의 담임 목회자를 청빙하려고 한다. 다시 말하면 40~45세가 되기 전에 자신의 역량과 능력을 증명해야지 목회자 시장에서 살아남을 수 있다는 의미이기도 하다. 그래서 목회자로서의 부르심에 YES해서 달려온 많은 목회자가 있지만 이런 현실 앞에서 이들은 둘 중 한 가지를 선택한다. 먼 미래를 보고 박사과정을 밟거나, 아니면 현실적 상황에 맞춰 한 교회의 부교역자로서의 삶을 선택하거나, 이렇게 둘 중 하나를 선택한다.

개척은 너무나 많은 리스크를 안고 가야 하기에 특히나 요즘에는 재정적으로 뒷받침되지 않으면 개척 자체를 하려고 하지 않는다. 그래서 30대 중반이 넘어가면 목회자의 진로는 어떤 면에서는 거의 정해진다. 향후 담임목사로서 청빙 받을 수 있도록 박사과정을 밟거나, 아니면 부목사로서의 삶을 살거나. 이것이 현실적인 목회자들의 방향이다.

물론, 이외에도 기관 사역을 하는 분들도 있고, 개척을 하는 분, 선교사로 나가는 분, 이중직을 하는 분 등 다양한 방향이 있지만, 일반적인 코스는 앞에서 말한 두 방향이다.

그런데 요즘에는 두 방향 중에서도 담임목사로 청빙 받는 것조차도 거의 하늘의 별 따기 수준만큼 어려워졌다. 그래서 오늘날 목회자의 삶은 매우 제한된 선택권 속에 있다.

그런데도 이 시대 속에서 목회자들에게는 두 가지 희망이 있다.

첫째, 이 시대 사람들이 외로움 속에 살아가고 있어서 어느 때보다 사랑을 필요로 한다는 것이다.

둘째, 이 시대 성도들이 진짜 리더, 진짜 멘토를 필요로 한다는 것이다.

목회데이터연구소에서 연구한 내용 중 '새신자가 교회를 찾는 시점'이라는 조사에 따르면 76퍼센트의 새신자가 삶의 어려움이 있을 때 교회를 찾았다고 한다.

그 어려움의 내용은 인생의 의미에 대한 혼란(24%), 경제적 어려움(20%), 인간관계 어려움(17%), 나(가족)의 신체적 건강(16%), 나(가족)의 정신적 질병(15%), 사업/직장의 어려움(14%), 나(가족)의 학업, 취직, 퇴직(13%)로 나타났다.

새신자들이 교회를 찾는 시기는 바로 누군가의 도움과 사랑이 필요할 때였다는 것을 알 수 있다. 이뿐만 아니라 오늘날의 개인주의와 파편화된 인간관계 속에서 대부분 사람은 사랑을 필요로 한다.

> 불법이 성하므로 많은 사람의 사랑이 식어지리라(마 24:12).

사랑이 식어지는 시대 속에서 사랑을 실천할 수 있는 유일한 공동체는 교회다. 그래서 교회는, 목회자는 희망이 있다.

그리고 성도들은 진짜 리더, 진짜 멘토를 원한다. 단순히 설교단 위에서 옳은 말을 하는 자가 아니라 진정으로 나라는 한 영혼, 한 마리의 양을 돌보고 사랑하는 목자를 원한다. 그래서 설령 대부분의 많은 성도가 대형교회로 떠나간다고 할지라도 진짜 목자를 찾는 영혼들은 반드시 있다는 것이다.

실제로 필자가 이전에 섬겼던 교회의 청년과 청소년 중 몇몇은 어떤 문제가 생기거나 멘토링이 필요할 때 필자를 찾았다. 이유는 간단하다. 그들이 볼 때, 교회 안 목회자보다 필자가 더 그들을 사랑하고, 그들의 필요를 채워줄 수 있는 멘토라고 생각했기 때문이다.

그래서 오히려 이 시대는 목회자에게 있어서는 허례허식, 보이는 것이 아니라 본질적인 것으로 사역할 수 있는 시대다. 예수님께서 사역하실 때에도 많은 대중을 향한 사역을 하셨지만, 그보다 더 집중하신 것이 열두 제자를 양육하는 것이었다. 그리고 예수님께서는 이들을 부르실 때 말씀과 같은 기준으로 부르셨다.

> 또 산에 오르사 자기가 원하는 자들을 부르시니 나아온지라 이에 열둘을 세우셨으니 이는 자기와 함께 있게 하시고 또 보내사 전도도 하며(막 3:13-14).

즉, 자기가 원하는 자들을 부르셔서 그들과 함께 사역하셨다. 이는 중요한 것을 말한다. 즉, 우리의 사역이 많은 대중을 향한 사역에 집중하기보다 진짜 제자로 세우기를 원하는 소수의 인원에 집중해야 한다는 점을 말한다는 것이다. 이것이 제자 양육의 본질이자 예수님 사역의 본질이었다면 목회자 또한 동일한 원리와 본질에 따라 사역해야 한다.

그리고 오늘날의 시대가 예수님 당시처럼 혼란한 시대이기에 원하는 자 열두 명을 불러 그들을 제자로 세우는 본질적 사역을 하기에 이보다 적합한 때는 없는 것이다(물론, 대중사역 또한 필요하다. 예수님께서도 무리와 제자들에게 사역하셨듯이). 그래서 오늘날 목회자들의 현실이 아무리 어렵다 할지라도 희망이 있다. 하나님은 역전의 하나님이시고 위기 때마다 더 큰 기회를 통해 하나님의 역사를 이끌어가셨다. 목회자들은 기회의 시기에 서 있다.

MZ GENERATION & KOREAN CHURCH

제4장

MZ세대와 교회 하나되기

  지금까지 MZ세대에 대해서, 크리스천 MZ세대에 대해서 그리고 교회와 한국교회에 대해서 알아봤다. 이제부터는 지금까지 서로에 대한 이해를 바탕으로 각각의 영역에 대해서 나눠보려고 한다.

  MZ세대와 한국교회 사이에서 논란이 되는 영역을 중심으로 연결고리이자 허브의 역할로 좋은 생각과 기준을 제안하고자 한다. 옳다기보다는 좋은 제안이라고 생각하고 참고할 수 있으면 좋을 것 같다.

1. 청년들의 헌신에 대하여

기준제시: 자신의(영혼의) 상태에 따라 헌신의 자리로!

한국교회에서 청년들의 위치는 어디에 있는가?

교회마다 다르겠지만 대부분 교회 속 청년들의 위치는 몸을 쓰는 노동력이 필요한 곳에서 섬기는 위치라고 생각한다. 실제로 필자가 있었던 두 교회(한 곳은 70여 명, 다른 한 곳은 200여 명 규모의 교회)에서 청년들은 위와 같은 위치에서 일손이 필요할 때 섬기는 자의 위치에 있었다. 예배 준비를 위한 세팅, 청소, 각종 힘쓰는 일에 청년들이 대부분 섬기고 있었고 좀 더 영적인 영역에서는 싱어, 예배팀, PPT 등의 역할을 감당하고 있었다. 모든 교회가 그렇지는 않겠지만 청년들이 없는 교회는 제대로 된 교회운영이 어려운 것이 현실이다.

하지만 이런 현실과는 반대로 청년들은 교회 안에서의 헌신에 점점 더 소극적으로 변하고 있다. 왜 헌신을 해야 하는지도 모르겠고, 헌신의 기쁨도 없으며, 하더라도 교회 어른들의 눈치를 보며 적당한 헌신에서 그치는 모습들을 볼 수 있다.

그렇다면 청년들이 이렇게 헌신에 소극적인 이유는 무엇일까?

'(사)새길과새일'이라는 단체에서는 약 6년 동안 청년들이 교회를 나가지 않는 이유를 다섯 가지로 통계화했다.

1순위는 경제활동으로 인한 불참(23%)이었고, 2순위는 자신들의 주장을 억지로 강요(22%), 3순위는 관계의 문제(16%), 4순위는 교회와 목사들의 비윤리적 삶(14%), 5순위는 성경이 믿어지지 않는다(13%)는 것이라고 한다.

필자는 이 통계자료를 보면서 청년들이 헌신하지 않는 이유는 바로 '자기중심성의 확대'라고 본다. 특히나 1~3순위 내용을 보면 경제활동에 대한 것도 자기중심성이요, 주장을 억지로 강요당한다는 내용도 어떤 면에서 보면 자기중심성으로 인한 수용적 태도가 줄어듦으로 인함이요, 관계의 문제도 타인보다 나를 더 사랑하는 자기중심성으로 인한 것이 아닌가 하는 생각이 들었다.

그렇다고 청년들이 헌신하지 못하는 이유를 청년들에게만 돌리는 것이 맞는가?

아니다. 오히려 이런 현상을 유발한 것은 교회가 제대로 기능하지 못했기 때문이다. 영혼들의 필요에 따라 꼴을 먹이고, 영혼들의 상태에 따라 섬김의 자리로 콜링해야 함에도 대부분 일손이 부족하므로 조금만 할 수 있으면 일단 세우고부터 보는 것이 오늘날의 교회이지 않은가?

교회는 교회의 필요에 따라 사람을 세우는 것이 아니라 영혼의 상황과 상태에 따라서 세우는 지혜가 필요하다. 또한, 민감한 분별력과 바른 통찰력을 통해 한 청년의 상태가 어떠한가에 따라서 콜링의 여부를 결정할 수 있어야 한다.

예를 들어서 A라는 청년이 예수 그리스도를 믿는 믿음이 확고하고 신앙고백이 분명하다면 그 형제는 이제부터는 제자의 삶을 살 수 있도록 인도하고, 가르쳐 지키게 해야 하며, 은사에 따라 사역의 자리에 콜링해야 한다. 하지만 믿음과 신앙고백이 불분명한 청년들에게는 사역의 자리로의 콜링보다 예배의 자리에서 은혜를 받고 섬김을 받을 수 있도록 인도해야 할 것이다.

당신이 MZ세대 청년인가?

청년 중에서도 당신이 예수 그리스도를 구주로 영접한 믿음의 사람이자 신앙고백이 분명한 자인가?

그렇다면 헌신하라! 이것저것 하기보다 가장 먼저 이 땅에 나를 창조하시고 나를 향한 계획을 갖고 계신 하나님께 나아가 나의 사명이 무엇인지 찾는 시간을 보내기를 바란다. 나의 사명은 무엇이고, 나의 은사는 무엇이며, 나의 장점은 무엇인지를 하나님과 교회 공동체 안에서 찾아가는 시간을 통해 앞으로 내가 나아갈 길을 찾는 시간을 갖기 바란다. 헌신은 기쁨과 자발적 마음에서 시작되는 것이자 나를 사용하시는 하나님에 대한 사랑에서 시작되는 것이다.

당신이 예수 그리스도를 향한 믿음이 불분명한가?

은혜의 자리로 나아가라. 예수님이 누구신지, 복음이 어떤 능력을 갖고 있는지 알고 체험하고 실제가 되기 위해 발버둥치는 시간을 갖기를 바란다.

당신이 교회 사역자인가?

교회는 한 영혼이 구원받아 예배자가 되고, 제자가 되어 선교하도록 이끄는 역할을 해야 한다. 이것이 가장 근본적인 교회의 사명이라면 교회 안에서는 일꾼을 찾기 전에 영혼의 상태에 따른 적합한 필요를 채워줄 수 있는 지혜가 필요하다.

바울이 믿음이 연약한 자들을 위해서 고기를 먹을 수 있음에도 고기를 먹지 않았던 것처럼, 우리는 믿음이 부족하고 연약한 자들을 배려하며 그들이 세워지는 데까지 필요한 시간을 함께 인내할 수 있는 인내의 믿음이 필요하다. 그리고 이렇게 인내하고 참고 사랑하며 기다리는 것이 진정으로 교회가 한 청년의 삶을 변화시키는데 가장 필요한 태도이지 않을까 생각한다.

2. 율법주의에 대하여

기준제시 : 율법과 율법주의를 구분해야 한다.

율법주의에 대해서 말하려면 먼저 율법에 관해서 이야기할 필요가 있다.

율법은 무엇인가?

좋은 것인가 나쁜 것인가?

율법은 흔히 광의적 의미로는 구약 전체를 가리킨다고 볼 수 있지만, 협의적 의미로는 613개조의 율법을 의미한다고 볼 수 있다. 율법은 그래서 좋은 것이고 하나님의 뜻이다.

그렇다면, 율법주의는 무엇인가?

율법주의는 율법을 지켜야 한다는 당위성을 갖고 대하는 태도다. 우리가 복음으로 말미암아 예수 그리스도 안에서 자유롭게 되었음에도 율법주의는 율법에 얽매이게 만드는 역할을 한다. 그래서 율법을 지키고 싶어서 지키거나, 지키게 되는 것이 아니라 지켜야만 한다는 당위성으로 접근하게 만드는 것이다.

앞에서 말한 율법은 우리가 복음이 실제가 되고 하나님을 사랑하게 되면 지켜야만 하는 것이 마음에서부터 지키고 싶어지게 된다. 이것이 복음의 능력이요, 사랑의 능력이다. 그러나 율법주의는 이런 복음의 능력이 아니라 인간의 힘과 노력으로, 또는 사랑이 아닌 규칙과 규율이라는 이름으로 지켜야만 하는 율법이 되게 만든다.

청년들이 교회를 떠나는 이유가 무엇인가?

율법 때문인가? 율법주의 때문인가?

율법주의 때문이다.

'술 마시지 말라, 혼전순결 지켜라'라는 것도 한국교회는 어떻게 접근하고 있는가?

율법주의적으로 접근하고 있지 않은가?

'해도 된다, 하면 안 된다'로 접근하는 것은 율법주의적인 접근방식이다. 율법으로서, 나아가 율법의 정신 곧 복음으로 접근한다면 '해도 된다, 하면 안 된다'가 아니라 '하고 싶은지, 하고 싶지 않은지'로 접근하며 그 근본에 있는 예수님과의 관계로 접근하게 된다.

예수님을 사랑하면 하고 싶지 않은 것이 죄를 짓는 것이기 때문이다. 복음적 접근, 율법의 정신에 근거한 접근은 바로 예수님과 관계를 통해서 모든 것을 해석한다. 이 관계가 없이 율법만 남아있다면 그것은 율법주의적 접근이다.

이를 분별할 줄 안다면 청년들이 교회에서 해야 할 일은 율법에 대해서는 죄를 깨닫게 하는 거울로서, 예수님과의 관계적 상태를 해석하는 거울이자 도구로 받아들이고, 율법주의에 대해서는 옳지 않은 것임을 말할 수 있는 건강한 담대함이 필요하다.

단순히 청년들 스스로가 틀렸다고 생각되는 교회 안 문화들에 대해서 답답해 하며 욕하며 떠나는 것이 아니라 "이

것이 진짜 옳은 걸까? 성경 말씀에 비춰봤을 때 합당한 걸까?" 분별하고 만약 이것이 옳지 않다면 옳은 방향을 이야기하고 선택해야 한다.

한국교회 안에는 암묵적인 관례가 있다.

"목사에게 순종해야 한다."

"주의 종의 질서 속에 따라야 한다."

"사역자를 세워줘야 한다."

당연히 맞다. 그러나 말씀이 우선이다. 말씀보다 앞서는 사역자 없고, 복음보다 위대한 목회자는 없다. 이것이 오히려 진정한 그리스도인의 태도이자 모습이다.

또한, 예수님께서도 하나님이심에도 불구하고 낮은 자리에 오셔서 우리를 섬기셨다. 교회와 사역자들은 율법으로서 청년들과 성도들을 얽매는 것이 아니라 모든 사역자의 표본이신 예수님처럼 스스로 낮은 자리에서 섬기는 자가 되어야 한다.

복음이자 사랑으로서 가르쳐 지키게 할 수 있는 용기 또한 필요하다. 그리고 날마다 내가 지금 이 교회에서 율법주의로 살아가는지, 아니면 주님을 사랑해서 사랑의 법으로서 율법을 세워 나가는 것을 소망함으로 사역하고 있는지를 분별하며 깨어 있어야 할 것이다.

당신이 MZ세대 청년인가?

율법을 통해서는 예수님께 나아가고, 율법주의에 대해서는 과감하게 NO라고 말하라!

당신이 교회 사역자인가?

누구보다 율법과 율법주의를 분별할 줄 아는 당신, MZ세대를 율법주의로부터 해방시킬 수 있는 자가 당신임을 기억하며 복음으로 MZ세대를 살리는 당신이 되기를 소망한다.

> 그리스도 예수 안에서는 할례나 무할례나 효력이 없으되 사랑으로써 역사하는 믿음뿐이니라 … 온 율법은 네 이웃 사랑하기를 네 자신 같이 하라 하신 한 말씀에서 이루어졌나니(갈 5:6,14).

3. 교회 커뮤니케이션 문화에 대하여

기준제시: 결정권은 리더가 갖지만, 건의와 토론은 자유로운 커뮤니케이션 문화를 함께 만들어 가야 한다.

앞에서도 다뤘지만 기독 청년들의 출석교회 불만족 이유에 대한 『한국 교회 트렌드 2023』에서는 1순위가 교회 지도자들의 권위주의적인 태도(34.9%), 2순위가 시대의 흐름을 쫓아가지 못하고 고리타분함(31.4%), 3순위가 교인 간에 사랑이 없는 형식적인 관계(25.6%)라고 한다.

필자는 통계자료를 보면서 1-3순위 모두 결국 청년들이 교회 안 목회자와 리더 그룹과의 관계에서 커뮤니케이션(소통)이 되지 않음으로 인해 나타나는 현상으로 보였다. 마음이 하나되어야 할 곳이 교회임에도 불구하고 소통이 안 되는 현상으로 인해 청년들이 교회를 향한 불만족이 쌓여가는 것이다.

실제로 청년들의 이야기를 들으려고 하는 교회가 얼마나 될까?

그리고 교회 안에서 청년들의 중요성에 대한 비중은 과연 어느 정도나 될까?

예전에 청년 중심으로 교회를 개척하신 한 목사님께서 설교 중에 농담 반 진담 반으로 이런 이야기를 하신 적이 있다.

"나이 있으신 목회자분들께서 청년 중심으로 교회를 개척한다고 하니까 모두가 말리셨습니다. 청년들 데리고 개척하면 재정적으로 수지가 맞지 않는다. 교회가 제대로 굴러가기 어려울 거다. 그런데 제가 몇 년을 청년들과 함께 사역해 보니 정말 어른들 말씀이 틀린 말 하~나도 없더라고요."

이렇게 청년들은 교회에서 일꾼으로서 가장 필요한 존재들이면서 동시에 재정적으로는 교회에 큰 도움이 되지 않아 뒷순위에 몰리는 위치에 있다. 이런 이유로 교회 안에서 청년들을 향한 커뮤니케이션은 자연스럽게 줄어드는 것이 아닌지 해석된다.

그렇다면 교회는 어떻게 해야 할 것인가?

소통의 창구를 만들어야 한다. 군대에서도 소원 수리함을 만들어서 소통하려고 노력하듯이 교회에서도 이처럼 청년들의 이야기를 들을 수 있는 통로를 마련할 수 있어야 한다.

또한, 커뮤니케이션하려는 노력이 필요하다. 예전에 한 대통령이 당시 검사들을 모아 놓고 방송으로 소통하는 모습을 본 적이 있다. 그리고 또 다른 대통령은 기자들을 모아놓고 질문하고 답변하는 모습을 본 적이 있다. 대통령조차도 이렇게 국민과 소통하려고 하는데 교회에서 청년들과 소통하려 하지 않는 모습은 앞에서 청년들이 교회를 향해 가진 불만 2순위인 시대의 흐름을 쫓아가지 못하는 모습이지 않나 싶다.

물론, 그들의 이야기를 반영하느냐 마느냐는 다음 문제다. 이야기를 들으려고 하느냐 마느냐에 대한 노력이 필요하다는 것이다.

경청은 '기울일 경'이라는 한자를 쓴다. 즉, 나의 몸과 마음을 상대에게 집중하여 그의 상황을 이해하고 받아들여 의사 결정 과정에 충분히 반영함을 의미한다. 솔로몬이 하나님께 지혜를 구할 때 '듣는 마음'을 구한 것처럼 교회는 청년들을 향해 듣고자 하는 열린 마음과 태도를 보여야 할 것이다.

청년들은 어떻게 해야 하는가?

자신이 청년이기 때문에 소통할 수 없다는 교회 안에 만연한 통념을 깨고 소통하려고 해야 한다. 청년들은 교회 청년으로 부름을 받은 것이 아니라 교회 구성원으로 부름을 받았다. 구성원 모두가 예수님의 성도이자 그리스도 안에서 지체이다.

> 이와 같이 우리 많은 사람이 그리스도 안에서 한 몸이 되어 서로 지체가 되었느니라(롬 12:5).

> 너희는 그리스도의 몸이요 지체의 각 부분이라(고전 12:27).

그러므로 그리스도 안에서 지체가 된 구성원들은 건강한 의견을 나눌 수 있어야 한다. 청년이 아니라 지체로서 나눠야 한다. 새끼손가락이 아픈데도 불구하고 아픔을 뇌로 전달하지 못하면 손가락은 썩어들어가서 나중에는 팔을 잘라내야 하는 상황까지도 갈 수 있다.

교회 공동체를 사랑한다면 아플 때 아프다고 말하는 용기가 필요하다. 그런데도 청년들이 가져야 하는 태도는 결과를 겸손히 받아들이고 목회자와 리더들을 신뢰하는 태도다. MZ청년들은 옳은 것을 추구하려 하고 자기 의사를 표현하고 이를 반영하고자 하는 경향성이 강하지만 또 타인을 향한 신뢰와 믿어줄 수 있는 용기 또한 필요하다.

결정권은 리더가 갖기 때문이고, 그들이 책임도 지기 때문이다. 소통은 필요하나 결정에 대해서는 겸허히 받아들일 수 있는 겸손함 또한 필요할 것이다.

당신이 MZ세대 청년인가?
소통하려고 하라!
시스템과 문화에 억눌리지 말고, 공동체를 위해 소통하려고 하라!
당신이 교회사역자인가?
들으려고 노력하라!

노력하는 모습만으로도 청년들은 감동하고, 감사하고, 감화될 것이다.

4. 교회 공동체에 대하여

기준제시: 교회는 청년들을 향한 재정적 투자와 시스템적 지원을, 청년들은 예수님을 닮아가는 사랑의 발걸음을!

요즘 청년들은 교회 공동체에 소속되려 하지 않는 경향이 있다. MZ세대 청년들은 자발적 아싸라는 개념처럼 스스로가 마음에서부터는 소속되기를 원치 않고, 적당한 관계를 유지하기 원한다.

이런 세태 속에서 과연 교회와 청년들은 어떤 태도를 보여야 할까?

사실 이 부분은 양쪽 모두의 노력이 필요하다.

> 너희는 사도들과 선지자들의 터 위에 세우심을 입은 자라 그리스도 예수께서 친히 모퉁잇돌이 되셨느니라 그의 안에서 건물마다 서로 연결하여 주 안에서 성전이 되어 가고 너희도 성령 안에서 하나님이 거하실 처소가 되기 위하여 그리스도 예수 안에서 함께 지어져 가느니라(엡 2:20-22).

예수님께서 약속의 언약에 대해 외인이고, 세상에서 소망이 없고 하나님도 없었던 우리를 그분 안으로 부르셨다. 그리고는 우리가 하나님이 거하실 처소가 되기 위해 그리스도 예수 안에서 함께 지어져 가도록 인도하고 계신다.

필자가 신앙생활을 처음 시작했을 때, '교회를 나가서 하나님께 예배만 드리면 되지 무슨 순모임이야?'라고 생각하고 모임에 나가지 않은 적이 있었다. 실제로 나가서도 득이 되는 이야기보다는 내 인생이 힘들다, 잘 풀리지 않는다는 등 듣기 싫은 소리만 듣고 있으니 시간 낭비 같았고 모임의 이유와 목적을 알 수 없었다.

그런데 어느 날, 설교 중에 위 말씀으로 목사님께서 설교하셨고 그때 위 말씀으로 공동체로 함께하는 것에 대해 도전을 주셨다. 그의 안에서 건물마다 서로 연결하고, 주 안에서 성전이 되어 가고, 예수 안에서 함께 지어지는 것이 교회다. 당시 큰 충격을 받았고 내 생각들이 깨지는 경험을 했다. 교회로, 성전으로 지어져 가는 과정은 결코 아름답거나 평화롭지 않다.

건물을 지어나갈 때 골조를 세우고 벽돌을 쌓을 때 어떤 건물이 아름다운가?

그 과정에서 얼마나 큰 노력과 수고가 필요하고 또 다치거나 문제가 생기는 등의 사고가 발생하는가?

건물이자 성전으로 지어지는 과정은 절대 아름답지 않고 힘들고 어려운 일이다.

> 선생님 율법 중에서 어느 계명이 크니이까 예수께서 이르시되 네 마음을 다하고 목숨을 다하고 뜻을 다하여 주 너의 하나님을 사랑하라 하셨으니 이것이 크고 첫째 되는 계명이요 둘째도 그와 같으니 네 이

> 웃을 네 자신 같이 사랑하라 하셨으니 이 두 계명이 온 율법과 선지
> 자의 강령이니라(마 22:36-40).

앞에서 말한 것처럼 공동체로 모이는 것이 무의미해 보이고 시간 낭비처럼 보일 수 있다. 게다가 나랑 맞지 않는 사람들과 함께하는 것도, 내 삶을 오픈하기 싫음에도 공개해야 하는 것도 어려울 수 있다. 그러나 이 과정이 성전으로 지어지는 과정이자 사랑을 실천하는 과정임을 기억하면 좋겠다.

예수님께서 우리를 사랑하신 것은 우리의 존재 자체를 사랑하신 것이다. 우리는 타인의 행동과 말, 삶을 바라보며 그들을 사랑하는 것이 아니라, 그들 존재 자체를 사랑해야 한다. 그래서 교회 공동체는 온 율법과 선지자의 강령인 하나님 사랑, 이웃사랑을 실천하는 장이요 내가 성전으로 지어지는 깨짐과 은혜의 장인 것이다.

그렇다면 교회는 어떻게 해야 하는가?

교회는 청년들을 향해 투자해야 한다. 그것도 지금보다 더 많이 투자해야 한다. 내가 아는 한 교회는 목자들을 위한 수련회에 약 200여 명이 오는데 하루 식사비용 및 장소 대관료로만 1,500만 원을 썼다는 이야기를 들었다.

그런데 청년부 수련회나 다음 세대 수련회에는 얼마나 투자하는가?

사실 재정이 없는 세대는 청년과 다음 세대인데 교회에서는 왜 이 청년들을 위해서는 투자하지 않고, 정작 재정적 여유가 있는 장년 세대에게는 아낌없이 투자하는가?

상식적으로도 맞지 않는 모습이다. 교회가 청년들을 향해 교회 공동체에 소속되라고 이야기하기 전에 청년들이 소속될 수 있도록 만드는 현실적인 대안이 필요하다.

실례로 필자가 선교단체 간사로 있으며 재정적 여유가 없었을 때, 순모임에 참여하지 못한 적이 있다. 이유는 돈이 없어서였다. 회비 1만 원, 2만 원 낼 돈조차도 부족했기 때문이다.

또한 이 시대의 청년들은 자신의 삶을 오픈하기 부담스러워하는 청년들이 많다. 그렇기에 이들이 공동체로 소속될 수 있도록 하는 여러 가지 창구를 만들 필요가 있다. 순이나 목장이라는 개념이 아니더라도 교회 안에서 동아리 모임을 활성화한다거나, 같은 나이 또래 모임을 만든다거나, 같은 관심사나 직종별 모임을 만드는 등 여러 가지 형태의 모임을 만들어 주는 노력이 필요하다. 그래서 그들이 마음을 열 수 있는 여러 창구가 있다면 이들은 자연스럽게 교회 공동체로 스며들게 될 것이다.

당신이 MZ세대 청년인가?

교회 공동체에 발을 담그길 바란다. 그리고 그 안에서 사랑하며 사랑을 배우길 바란다.

당신의 방향은 예수님을 닮아가는 것임을 기억하며!

당신이 교회사역자인가?

투자를 받아야하는 세대는 장년보다 청년과 다음 세대이다. 청년 세대가 부족함 없이 공동체로 모일 수 있도록 재정적 투자를 하고, 동시에 시스템적으로 어느 모임이든지 소속될 수 있도록 다양한 모임을 만들어주기를 바란다. 통제보다 자유를 주면 다양한 공동체 모임 안에서 각자에게 적합한 공동체에 소속될 것이다.

5. 교회의 정치참여에 대하여

기준제시: 적극적으로 참여하되 법의 테두리 안에서 비폭력, 윤리적 방법으로 참여해야 한다.

교회가 정치에 참여하는 것은 옳가? 그른가?

아마 대부분은 교회가 정치에 참여한다는 것에 대해서 부정적인 인식이 강할 것이다. 정교분리(정치와 종교의)가 당연하다고 생각하는 이도 있을 것이며, 어떤 이들은 언론을 통해서 본 교회 안 태극기 부대에 대한 안 좋은 인식과 소수 교회가 자행한 비윤리적인 행동을 보며 교회가 정치에 참여하는 것은 적합하지 않다고 생각할지도 모른다.

그렇다면 성경에서는 어땠는가?

특히, 구약시대는 철저한 "신권정치제"(θεοκρατία:신의 통치)였다. 하나님을 섬기며 하나님의 법대로 인간을 다스리는 모습이 구약 시대 모습이다. 정치란 국민이 인간다운 삶을 영위할 수 있도록 나라를 다스리는 것이자 사회질서를 바로잡는 일이다.

다윗이 정치를 했고, 열 왕이 그러했으며, 이후에 나오는 많은 선지자가 정치했다. 그래서 정치는 교회가 진입할 수밖에 없는 영역이다. 왜냐하면, 정치라는 개념을 보았을 때, 이는 하나님께서 가장 원하시는 일이기 때문이다. 인간이 죄 아래에 살지 아니하며 그리스도 안에서 자유함으로, 창조원형 그대로의 모습대로 인간다운 삶을 영위하는 것! 하나님께서 기뻐하시고 원하시는 일임이 틀림없다.

신약시대의 바울 또한 정치인들을 만났다. 사도행전 25:5에서 "유력한 자들"(δυνατός)을 만났다고 표현한다. 바울은 이처럼 정치인들의 영향력이 올바르게 쓰인다면 그만큼 적합한 것이 없기에 유력한 자, 정치인들과 만남을 피하지 않았다. 기독교라는 종교는 불교처럼 절에 들어가서 수양하는 종교가 아니다. 세상 깊숙이 들어가서 복음으로 한 영혼과 세상을 변화시키는 것이 기독교다. 그래서 기독교는 정치적이지 않을 수 없는 종교다.

네덜란드의 수상이자 신학자였던 아브라함 카이퍼는 "영역 주권"이라는 개념을 사용했다. 하나님께서 교회에서뿐만 아니라 국가, 대학, 기업, 가정 등 모든 영역에서 주인 되셔서 주권적인 통치를 행사하신다는 개념으로 그는 『영역 주권』이라는 책에서 이렇게 말하고 있다.

> 천지 만물의 주권자이신 하나님께서 오직 그의 아들 예수 그리스도에게 하늘과 땅의 권세를 주셨으므로, 그리스도의 주권은 반드시 인간 삶의 모든 영역에서 인정되어야 합니다. 즉, 인간 삶의 모든 영역인 정치, 경제, 사회, 문화, 종교, 예술, 교육, 스포츠 등 각 영역이 지닌 고유한 주권은 그 누구도 침해할 수 없으며, 다만 각 영역은 그리스도의 통치 아래에서 하나님의 영광을 드러내야 합니다. 심지

> 어 국가라 할지라도 다른 영역의 고유한 주권을 침해해서
> 는 안 됩니다. 국가는 단지 각 영역이 마치 톱니바퀴들이
> 서로 연계되어 잘 돌아가도록 지도하고 돕는 역할을 지닐
> 뿐입니다.

이처럼 하나님의 영광이 드러나야 하는 영역은 모든 영역이고 정치의 영역도 마찬가지이다. 정교분리에 대해서 말하는 사람들이 착각하고 있는 것은 정치와 종교가 분리되어야 하므로 교회는 정치에 참여해서는 안 된다고 생각하는 것이다. 아니다. 오히려 반대다. 종교는 정치에 참여할 수 있고, 또 그래야만 한다. 그러나 정치라는 이름으로 국가가 종교의 자유를 제한하는 것을 막기 위해 나타난 개념이 정교분리이다. 기독교는 반드시 정치에 참여해야만 한다.

그렇다면 어떻게 참여할 것인가?
태극기 부대처럼 광화문 광장에 모여서 집회를 해야 하는가?
아니면 기독 혁명당이라는 이름처럼 혁명을 일으켜서 국가체제를 뒤집어야 하는가?

아니다. 하나님께서는 질서의 하나님이시고 우리 그리스도인들은 질서를 인정해야 한다.

> 각 사람은 위에 있는 권세들에게 복종하라 권세는 하나님으로부터 나지 않음이 없나니 모든 권세는 다 하나님께서 정하신 바라(롬 13:1).

우리는 정부와 권세자들에게 복종해야 한다. 법의 테두리 안에서 우리의 의사를 피력해야 한다. 정당한 절차를 통해 그리스도인답게 우리의 목소리를 내야 한다.

실례로 대형교회 목사님들께서 1인 시위하는 모습이 보이는데 이처럼 법의 테두리 안에서 목소리를 내는 것이 우리 그리스도인들이 정치에 참여하는 방법이다. 선거를 통해 우리 목소리를 내고, 올바른 여론 형성을 위해 토론회를 열거나, 의사표명을 위해 단체를 만드는 등 제도권 안에서 행하는 비폭력, 윤리적, 선한 방법으로 참여하는 것이다. 그러면 이런 질문이 생길 것 같다.

"정부가 동성애 합법화와 같은 옳지 않은 법을 집행하거나 예배를 폐하는 등의 행동을 한다면 어떻게 해야 합니까?"

만약 이런 질문을 한다면 이렇게 답변하고 싶다.

"마찬가지로 비폭력적인 방법으로 대하십시오. 그러나 불복종하십시오. 예수님이 하셨던 것처럼요."

> 읽는 성경 구절은 이것이니 일렀으되 그가 도살자에게로 가는 양과 같이 끌려갔고 털 깎는 자 앞에 있는 어린 양이 조용함과 같이 그의 입을 열지 아니하였도다 그가 굴욕을 당했을 때 공정한 재판도 받지 못하였으니 누가 그의 세대를 말하리요 그의 생명이 땅에서 빼앗김이

로다 하였거늘(행 8:32-33).

예수님께서 우리에게 보이셨던 모습 그대로, 우리는 옳은 것을 추구하나 방법조차도 선한 방법이어야 한다.

> 우리의 씨름은 혈과 육을 상대하는 것이 아니요 통치자들과 권세들과 이 어둠의 세상 주관자들과 하늘에 있는 악의 영들을 상대함이라(엡 6:12).

우리의 싸움이 어둠의 세상 주관자들과 하늘에 있는 악의 영들과의 영적 전쟁이기에 육의 방식으로 해서는 안 된다.

당신이 MZ세대 청년인가?

청년답게 싸워라. 혈기왕성하게 싸우는 것이 아니다. 청년은 강하고, 하나님의 말씀이 거하며 흉악한 자를 이긴 자이다! 세상의 방식이 아니라 하늘의 방식으로 담대하게 싸워서 승리하는 자가 되기를 바란다.

당신이 교회 사역자인가?

선한 방법으로 싸워라! 이미지의 문제다. 태극기를 들고 싸우는 것도 방법일 수 있지만, 우리 그리스도인들은 하늘의 사람이다. 법의 테두리 안에서 품격있게 정치에 참여하는 교회가 되기를 소망한다.

6. 성도와 사역자의 관계에 대하여

기준제시: 신분과 직분을 구분해 하나되기 힘쓰는 교회가 되어야한다.

성도와 사역자의 관계에 대해 말하기 전에 참고하기 좋은 글을 소개한다.

> '목회자' 속에 사실 성직의 개념은 없어요. 구약엔 제사장이라고 하는 성직의 역할이 있었지만, 신약에는 사도로 파송을 하신 것이지 성직의 역할을 맡긴건 아니었어요. 그니까 성직이라고 하는 개념은 사도의 교회에는 없었던 거에요. 근데 교회가 무브먼트에서 조직의 단계로 가고, 사람이 모이기 시작하니까 누군가가 하나 그걸 관리해 주는 역할이 필요하게 되었죠. 말 그대로 조직의 리더들이 세워지기 시작한 거죠. 그렇게 감독에서 교부라는 역할이 생겨나고 제도화되면서 평신도와 성직자가 이원화돼요. 이게 필요에 의해 생겨난 거지 예수님이 보여 주신 교회의 개념하고는 다르죠.
>
> 오늘날 우리가 일반적으로 이야기하는 거룩한 직업이라는 것은 사실 없습니다. 중세 로마 가톨릭 시대를 지나면서 특별한 계급을 만들어낸 거죠. 성도들과는 다른 성직자 사제 계급들을 만들어낸 거죠. 그러다 보니까 이것이 교회

전통 속에서 하나로 자리 잡게 된 거고, 16세기에 루터가 종교개혁을 하면서 '만인사제설', '직업소명설'을 이야기하면서도 설교권이라는 것을 목회자에게 위임된 것으로 이야기를 해요. 그런 의미에서 개신교 속에서도 변형된 형태의 성직이 들어왔다고 할 수 있을 거에요. 그런 의미에서 주어진 현장에서 삶을 살아가는 게 사역자라고 하는 개념이지. 그니까 '목회도 직능적으로, 기능적으로 주어진 것이지 본래적으로 주어진 것은 아니다'라고 하는 것이죠 (김재환, 『우리는 일하는 목회자입니다』(이레서원).

이 글의 핵심은 무엇인가?

결국, 목회자, 사역자는 성도들과 신분적인 의미에서 차이가 없다는 것이다. 신분은 '개인의 사회적인 위치나 계급, 서열'을 말하는 것으로 이는 위아래라는 개념이 존재한다.

직분은 '직책 직, 나눌 분'자를 써서 '마땅히 해야 할 본분, 직무상의 본분'을 나타낸다. 따라서 사역자는 신분이 아니라 직분이다. 기능적으로 종교적인 업무를 감당하는 자들이 사역자이지 신분적으로 성도들과 구별되는 자들이 아니라는 것이다.

그런데도 한국교회 안에는 사역자를 주의 종이라고 부르며 특별한 자들처럼 대우하는 경향이 있다. 이렇게 사역자를 직분이 아닌 신분으로 구별하는 현상으로 인해 자연스럽게 사역자들과 성도들은 구별된 자들이 되었고, 이런 구별됨으로 인해 성도들은 사역자에게 가까이 다가가지 못하는 결과를 초래했고 이로 인해 청년들 또한 자기 삶의 문제와 고민을 사역자들에게 털어놓지 못하는 현상을 가져왔다. 신분적 관점에서의 접근이 둘 간의 소통을 막고 있다.

   이뿐만 아니다. 신분과 직분을 구분하지 못함으로 인해 나타난 또 다른 현상 중 하나가 '사역자를 섬기면 복 받는다'라는 개념이다.

   이는 한국교회 안에 있는 잘못된 인식이다. 사역자를 섬기면 복 받고 잘 되는가?

   아니다. 복을 주시는 분은 하나님이시기에 복 받을 수도 있고, 복을 받지 않을 수도 있다. 그리고 설령 복을 받는다고 하더라도 그가 복을 받은 것은 사역자를 잘 섬겨서 복을 받은 것이 아니라 그리스도 안에 한 형제요 자매를 섬겨서 받은 복이다. 사역자와 성도라는 수직적 구조 속에서 아랫사람이 윗사람을 잘 섬겨서 복 받는다는 생각은 틀린 생각이다.

> 그러나 너희는 택하신 족속이요 왕 같은 제사장들이요 거룩한 나라요 그의 소유가 된 백성이니 이는 너희를 어두운 데서 불러내어 그의 기이한 빛에 들어가게 하신 이의 아름다운 덕을 선포하게 하려 하심이라 (벧전 2:9).

   우리는 모두가 택함 받은 족속이요 왕 같은 제사장이다. 이런 생각이 분명해진다면 청년들이 목회자들을 사역자로서 대하기 전에 영적인 선배이자 형, 누나, 오빠, 언니로서 먼저 대하게 될 것이다.

실제로 내가 섬기고 있는 교회에서는 이러한 사역자와 성도 간의 문턱을 낮추기 위한 매우 좋은 방법을 활용하고 있다. 다음 세대 사역자들이 자신의 이름으로 사역하는 것이 아니라 영어 가명으로 사역을 한다. 앤디, 루나 등의 이름으로 다음 세대에 접근하다보니 이들 또한 사역자들을 향한 마음의 벽이 낮아져서 가까운 관계 속에서 성경적 멘토링과 가르침을 전하는 것을 본다.

당신이 MZ세대 청년인가?

사역자가 존재하는 이유는 당신을 섬기기 위해서이다. 신분이 아닌 직분으로서 다가가 언제든지 사역자들을 통해서 당신의 신앙이 성숙해지기를 바란다. 진짜 사역자는 당신을 위아래로 바라보지 않는다. 오히려 자신의 부르심의 위치가 당신을 섬기기 위한 위치임을 알기에 온 마음 다해 당신을 올바른 길로 인도하고 기도하며 섬길 것이다. 하나님께 가까이 다가가기 위해 사역자들의 도움을 얼마든지 구하길 바란다.

당신이 교회 사역자인가?

앞에서 말한 것처럼 신분과 직분을 구분하며, 청년들과 성도들이 사역자들에게 쉽게 접근할 수 있는 제도와 환경을 조성하라. 문턱을 낮춰서 그리스도 안에서 하나되는 진정한 교회 공동체가 되기를 소망한다.

7. 선교단체 소속 성도와 교회의 관계에 대하여

기준제시: 교회와 선교단체의 차이점을 이해하고, 지상대명령(the Great Commission)의 성취를 위해 협력하고 커뮤니케이션 해야 한다.

위 주제에 관해 이야기하기 전에 한 가지 개념을 정리하고 갈 필요가 있다.

바로 모달리티(Modality)와 소달리티(Sodality)의 구분이다. 이 용어는 세계적 선교학자인 랄프 윈터(Ralph D. Winter) 박사가 사회학 분야 용어를 채용해서 만든 용어로, 모달리티는 로컬처치(Local Church)라고 불리는 지역 교회를 의미하고 소달리티는 파라처치(Para Church)를 의미하는 선교단체를 의미한다. 교회는 그리스도의 몸으로 하나이나 이렇게 둘을 구분 지은 이유는 기능성과 전문성에 따라 둘을 구분한 것이다. 기능성이라 하면 어떤 것을 주안점에 두느냐의 영역이고, 전문성이라 하면 어떤 것을 잘하느냐의 영역이라고 볼 수 있다.

모달리티이자 로컬처치는 지역사회에 속한 영혼들을 섬기고, 지역사회에 선한 영향을 미치며, 본질적인 교회의 기능을 모두 다 해나가는 총체적인 역할을 모두 감당하는 교회를 말한다. 예배, 양육, 구제와 봉사, 선교, 제자훈련 등 초대교회에서 했던 모든 사역을 감당하는 곳이 모달리티이자 로컬처치가 감당하는 영역이다.

하지만 소달리티이자 파라처치는 Para의 '~밖에', '너머'라는 뜻처럼 지역사회를 넘어서 열방을 향하고 열방에 선한 영향을 미치기 위해 특별히 선교의 필요한 영역에 있어서 전문성을 가지고 성도들을 훈련하고 파송하는 기관이라고 볼 수 있다. 이처럼 두 기관은 교회라는 큰 테두리 안에 속해 있으나 기능성과 전문성에 의해 구분된다.

선교단체가 생겨나게 된 것은 지역 교회가 여러 가지 기능을 감당하는 상황 속에서 무엇보다 큰 에너지와 인력이 들어가는 선교영역에서 부족함을 갖고 있었고, 이를 대신하기 위해 세워졌다. 선교단체는 지역 교회로부터 생겨난 기관이다.

오늘날 한국교회 안에서 여전히 나타나는 현상 중 하나는 선교단체에 속한 성도들이 지역 교회에 불만을 느끼는 것이고, 지역 교회가 선교단체에 속한 성도들을 향해 힘들어 하는 점이다.

대표적인 것은 선교단체 소속 성도는 "왜 교회는 뜨겁게 선교하지 않는가?"

이런 불만이고, 지역 교회는 선교단체 성도들을 향해 "왜 교회가 나아가는 방향과 다른 방향을 이야기하며 교회를 시끄럽게 하는가?"

이러한 부분일 것이다. 이는 앞에서 말했던 지역 교회와 선교단체가 어떤 부분을 지향하며 어떻게 형성되었는지를 알게 된다면 충분히 이해할 수 있는 부분이다. 선교단체 소속 성도와 지역 교회는 오히려 이런 차이를 나누며 서로가, 서로를 이해하고 협력해야 한다.

그러면 지역 교회와 선교단체 소속 성도, 나아가 선교단체까지 이 셋은 어떻게 협력을 해야 할까?

결론부터 말하자면 교회는 개교회주의를 타파하고 선교단체 소속 성도가 잘 훈련된 제자이자 선교사가 될 수 있도록 적극적인 도움을, 선교단체 소속 성도는 교회 안에서 겸손함과 본이 되는 삶을, 선교단체는 교회와의 적극적인 소통을 통해 협력의 노력을 기울여야 한다.

실제로 한 가지 예를 들고자 한다. 필자가 아는 한 자매는 선교단체 안에 소속되어 열심히 훈련받고 선교사를 꿈꾸고 있다. 그런데 선교단체 안에서 진행되는 여러 가지 사역들로 인해 지치게 되면서 차츰 교회 안에서의 사역에 집중하지 못하는 모습을 보였다. 이럴 때 대부분 교회는 이 자매와 같은 사람을 부정적인 시각으로 바라보거나 선교단체를 향해 부정적 감정을 갖는 경향이 있다. 이는 개교회 중심주의로 인해 우리 교회 성도를 빼앗겼다는 생각 때문이다. 그러나 교회의 존재 이유이자 예수님께서 교회에 주신 지상대명령은 '모든 민족을 제자 삼는 선교'다.

> 그러므로 너희는 가서 모든 민족을 제자로 삼아 아버지와 아들과 성령의 이름으로 세례를 베풀고 내가 너희에게 분부한 모든 것을 가르

쳐 지키게 하라 볼지어다 내가 세상 끝날까지 너희와 항상 함께 있으리라 하시니라 (마 28:19-20).

이것은 교회가 지향해야 하는 많은 기능적인 부분 중에서도 가장 우선시 되어야 할 영역이다. 이 말씀을 하시고 예수님께서 승천하신 후 40일이 지나자 성령님께서 120명의 성도에게 임하셨고, 이후 이들은 각자 다른 언어들 즉 모든 민족의 언어로, 방언으로 말하기 시작했다. 교회의 시작은 처음부터 모든 민족을 향하고 있다는 것이다.

그렇기에 교회는 위와 같이 선교단체에 소속된 성도들이 힘들어할 때는 힘이 되어주고, 올바른 양육을 위해 오히려 힘을 써야 하며, 교회가 진정한 엄마와 같이 따뜻하게 품어줄 수 있어야 한다. 교회에서 선교사를 파송해야 함에도 하지 못했던 것을 한 성도가 스스로 하겠다고 하는 상황에서 오히려 그 성도가 잘되도록 해주는 것이 교회가 해야 할 역할이라고 본다.

그렇다면 선교단체 소속 성도는 어떻게 해야 하는가?

최선을 다해서 교회도 섬겨야 한다. 선교단체 안에서 훈련 받고 섬기는 것이 힘들고 지칠 수 있으나 선교 사명을 감당하는 사역자이자 공인이라면 정신을 차리고 자기에게 맡겨진 책임을 성실히 감당해야 한다.

교회에 있는 목사와 전도사가 자신이 힘들다고 성도들 앞에서 대충 사역하는 모습을 본 적 있는가?

공인의식을 가지고 교회 안에서 겸손하게 책임을 다해야 할 것이다. 그뿐만 아니라 선교사 또는 선교 비전에 동참하는 자라면 삶으로 다른 이들을 선교 비전으로 이끌어야 할 것이다.

한국교회 성도들이 전도할 때, 불신자들이 하는 말을 수없이 들어봤을 것이다.

"예수를 믿는다는 자들이 삶으로는 엉망인데 어떻게 이들의 말을 믿고 신뢰할 수 있는가?"

이는 전도에만 국한되는 것이 아니다. 예수님을 믿는 자들 앞에서도 동일하게 선교 비전에 헌신한 자로서 선교 비전에 동참할 성도들을 세우고 싶다면 공인의식을 갖고 겸손하게 책임지는 자가 되어야 할 것이다.

선교단체는 어떻게 해야하는가?

조금 천천히 가더라도 한국교회와 충분히 소통하면서 선교해야 할 것이다. 한국교회가 선교단체를 향해 갖는 불만 중 하나는 '우리 교회 성도를 빼앗긴다'는 생각이다.

이는 물론 바른 생각이 아닐 수 있지만 이렇게 생각하는 한국교회를 향해 틀렸다고 말하기 전에 충분한 소통을 통해 선교단체와 지역 교회가 함께 연합해서 한 명의 선교사이자 예수님의 제자를 세워나갈 수 있는 지혜와 노력이 필요할 것이다.

하물며 학교나 학원 선생님도 학생 부모님께 전화와 가정통신문 등으로 학생의 상황을 부모가 잘 이해할 수 있도록 공유한다. 에너지가 없다고 말하며 소통을 하지 않을 것이 아니라 가장 중요한 사역이 소통 사역임을 기억하며 한 명의 선교사가 세워지기까지 지역 교회와 함께 노력해야 할 것이다.

그리고 이렇게 교회와 성도와 선교단체가 각자의 영역에서 하나되어 나아간다면, 한국교회의 미래선교 전략인 "Target 2030"은 반드시 성취될 것이다. 하나님께서 보시기에 기뻐하는 한 공동체, 한 몸, 한 교회의 모습으로 교회와 성도와 선교단체가 협력하기를 소망한다.

8. 주일성수에 대하여

기준제시: 주의 날의 의미를 기억하며, 하나님 사랑과 이웃사랑을 실천하는 예배자가 되어야 한다.

주일성수를 꼭 해야하는가?
안해도 되는가?

사실 이에 대해서는 이미 대부분의 한국교회 안에 있는 목회자들은 정립된 상태다. 이미 모두가 다 주일성수를 꼭 해야 한다고 바라보고 있지 않다. 앞에서 율법과 율법주의에 대해서 나눌 때도 말했던 내용이지만 우리 그리스도인들은 율법을 지켜야 하므로 지키는 자들이 아니다.

예수님께서 우리를 위해 죽으시고 부활하셔서 우리에게 주신 새 생명에 대한 기쁨과 감사함으로, 사랑함으로 우리는 율법을 지키고 싶어진 존재이자, 사랑할 때에 우리는 율법을 지키게 되는 존재다.

> 사랑은 이웃에게 악을 행하지 아니하나니 그러므로 사랑은 율법의 완성이니라(롬 13:10).

우리가 예수님을 사랑하면 율법은 완성된다. 지켜지게 된다. 지킬 수 없었던 우리가 예수님을 사랑하고 그가 보내신 성령으로 말미암아 율법을 지키게 되는 변화가 우리 삶에 주어지는 것이다. 그래서 우리는 주일성수라는 율법 조문에 얽매여 지키는 자가 아니다. 율법은 결코 우리를 얽어맬 수 없다.

한 가지 더 말하자면, 성경에 주일성수라는 개념이 있는가?

없다. 주일성수라는 단어는 성경에 쓰여 있지 않다. 주일성수라는 개념이 한국교회에 자리 잡게 된 것은 안식일 규례 때문이다. 그러나 안식일 규례는 '주의 날'과는 다른 개념이다. 안식일은 여러 가지 목적이 있지만, 기본적으로는 하나님께서 창조하신 것, 창조주 하나님을 기억하기 위해 7일 중 하루를 떼어 기념하는 날이다. 이는 율법으로 하나님께서 정해주신 것으로 반드시 지켜야만 하는 법이었다.

그래서 이를 어기는 것은 율법을 범하는 행위였다. 하지만 예수님께서 오셔서 율법을 폐하지 않으시고 완전하게 하셨고, 그리스도 안에 있는 우리는 예수님으로 말미암아 율법으로부터 자유로운 존재가 되었다. 그래서 우리는 율법 조문에 얽매여서 생각하고 행동하지 않고, 사랑의 법으로, 자유함으로, 기쁨으로, 감사함으로 살아가게 되었다. 이로 인해서 생겨난 날이 바로 '주의 날'이다.

그래서 주의 날은 안식일이라고 불리는 토요일이 아니라, 부활을 기념(금요일에 죽으시고 일요일에 부활하신)하는 안식 후 첫날인 일요일로 점차 자리 잡게 됐다. 주의 날은 율법에 얽매여 행동 하나하나 조심해야 했던 안식일과는 다르게 기쁨과 감사함으로 떡을 떼고 주의 말씀을 나누며 공동체가 함께 예수님의 죽으심과 부활하심을 기념하는 기쁨의 날이었다.

> 그러므로 여러분은 먹고 마시는 일이나 절기나 초승달 축제나 안식일과 관련된 문제로 아무도 여러분을 판단하지 못하게 하십시오. 이런 것들은 앞으로 올 것들의 그림자일 뿐이요, 그 실체는 그리스도께 속해 있습니다(골 2:16-17, 우리말 성경).

우리가 주의 날이라고 불리는 주일성수에 얽매이지 않아도 되는 이유는 그 모든 것이 창조의 주인이시자 구원(새 창조)의 주인 되시는 예수님이라는 실체를 바라보도록 하기 위한 것이었기 때문이다.

그래서 우리는 예수님께서 이 땅에 오심으로 인해 안식일 규례와 같이 일주일에 한 번 예배드려야 하는 종교적인 삶이 아니라 삶 자체가 예수님의 창조와 구원에 대한 감사로 매일의 삶이 이에 대한 감사와 찬양의 고백으로 드려져야 한다. 모든 율법 조문과 계명은 예수님을 통해 성취되었고 우리는 복음 안에서 자유롭다.

그렇다면 주일예배는 드리지 않아도 되는가?

그렇게 말할 수는 없다. 이는 율법의 완성이 사랑으로서 이루어지고 이 사랑은 하나님 사랑과 이웃사랑이라는 두 방향으로 나아간다는 사실을 기억할 때 우리는 주일예배를 드리는 것이 이 두 사랑의 모양을 모두 이루는 것임을 알 수 있다.

역사적으로 볼 때, 초대교회가 주의 날에 모인 이유는 기원후 321년 즈음으로 본다. 당시 기독교인들은 대부분이 종의 신분 또는 하층계급이 많았다. 그래서 이들은 일하지 않을 수 없는 삶을 살았는데, 기원후 321년에 콘스탄티누스 칙령이 발포된다. 황제가 공식적으로 일요일이라는 한 날을 휴일로 지정하게 됐다.

로마 시대에 최초로 휴일이 지정된 것인데, 이렇게 휴일이 지정되다 보니 자연스럽게 일요일 오전에 모여서 함께 예배하고 떡을 떼는 교회 공동체적인 문화, 약속된 시간이 정해지게 됐다. 사회적 변화로 말미암아 교회의 변화가 나타나게 된 것이다. 그래서 성도들은 일요일이 예수님의 부활을 기념하는 날이자 사회적 변화로 인해 공동체로 함께 모일 수 있는 날이 되었기에 일요일을 주의 날로서 함께 모이게 된 것이다.

그래서 우리는 '주일성수'라는 율법을 지키기 위해 모이지 않는다. 복음 안에서 하나님 사랑과 이웃 사랑을 실천할 수 있는 사회문화적 조건과 그에 따른 공동체적 사랑을 실천할 수 있는 날이 일요일이기에 우리는 주의 날에 모여서 함께 예배드리고 성도의 교제를 하는 것이다.

당신이 MZ세대 청년인가?

주의 날을 기념하며 하나님을 사랑하고 이웃을 사랑하라. 율법에 얽매여서 지키는 자가 아니라 기쁨과 감사함으로 하나님을 찬양하고 예배하고, 교회 공동체를 사랑하는 자가 되기를 바란다.

당신이 교회 사역자인가?

성도들과 청년들을 주일성수라는 율법으로 묶지 않고, 오히려 부활의 주님 안에서 자유함으로 하나님을 사랑하고 섬길 수 있도록 인도해주기를 바란다. 하나님과 교회를 사랑하는 자들은 반드시 공동체로 모일 것이기에, 이들이 하나님을 더 사랑할 수 있도록 하는 것이 교회의 역할이지 않은가. 그리고 똑같은 행동을 하더라도 율법이 아닌 복음으로 행하는 자들이 될 수 있도록 잘 가르치고 인도하는 자가 되기를 소망한다.

9. 십일조에 대하여

기준제시: 율법이 아닌 복음의 관점에서 믿음따라, 공동체와 성도의 필요에 따라 연보하라.

십일조는 해야 하는가?
안해도 되는가?
만약에 십일조를 해야 한다면 모든 영역에서 다 10분의 1을 드리는 구분을 철저하게 해야 하는가?
아니면 월급에서만 10분의 1을 떼어 드리기만 하면 되는가?

십일조에 대한 여러 논의가 있어왔다. 사실 십일조에 대한 부분은 아직도 해야 한다와 얽매이지 않아도 된다는 쪽으로 갈리고 있다.

십일조를 해야 한다고 강조하는 쪽은 아브라함이 멜기세덱에게 십일조를 드렸던 내용과 신명기, 말라기 말씀을 통해서 주장한다.

> 너희 대적을 네 손에 붙이신 지극히 높으신 하나님을 찬송할지로다 하매 아브람이 그 얻은 것에서 십분의 일을 멜기세덱에게 주었더라 (창 14:20).

> 너는 마땅히 매 년 토지 소산의 십일조를 드릴 것이며(신 14:22).

> 사람이 어찌 하나님의 것을 도둑질하겠느냐 그러나 너희는 나의 것을 도둑질하고도 말하기를 우리가 어떻게 주의 것을 도둑질하였나이까 하는도다 이는 곧 십일조와 봉헌물이라 … 만군의 여호와가 이르노라 너희의 온전한 십일조를 창고에 들여 나의 집에 양식이 있게 하고 그것으로 나를 시험하여 내가 하늘 문을 열고 너희에게 복을 쌓을 곳이 없도록 붓지 아니하나 보라(말 3:8,10).

십일조를 해야 한다고 주장하는 이유는 아브라함이 하나님을 찬송하며 기쁨으로 10분의 1을 멜기세덱에게 주었던 것처럼 우리 또한 10분의 1을 주님께 드려야 하며, 십일조를 드리는 것은 하나님의 계명이기에 십일조를 드리지 않는 것은 하나님의 것을 도둑질하는 것이라는 이유 때문이다.

또한, 신앙고백적 측면에서 십일조를 드리는 것은 재정과 물질의 영역이 다 하나님의 것임을 고백하는 재정의 영역에서의 신앙고백이기에 십일조를 드려야 한다고 주장한다.

즉, 10분의 1을 드림으로써 나머지 10분의 9도 하나님의 것이라는 고백이 십일조에 담겨 있다는 것이다. 모든 물질의 주인은 하나님이시라는 고백이 십일조를 통해서 증명된다는 것이다.

끝으로 영적인 관점에서 십일조를 해석하는 분들은 하나님께서는 복 주시는 분이시고 그렇기에 십일조를 통해 모든 재물이 하나님의 것임을 나타낼 때, 하나님께서 더 큰 복으로 채워주신다고 말하기도 한다. 그래서 믿음이 신실한 자들은 10분의 2, 3도 드릴 수 있다고 그 믿음에 하나님께서 반응하셔서 더 채워주신다고 말한다.

이에 반해 십일조를 하지 않아도 된다(또는 십일조에 얽매이지 않아도 된다)는 입장은 예수님께서 하신 말씀과 함께 십일조의 용도를 통해서 주장한다.

> 화 있을진저 외식하는 서기관들과 바리새인들이여 너희가 박하와 회향과 근채의 십일조는 드리되 율법의 더 중한 바 정의와 긍휼과 믿음은 버렸도다 그러나 이것도 행하고 저것도 버리지 말아야 할지니라(마 23:23).

> 화 있을진저 너희 바리새인이여 너희가 박하와 운향과 모든 채소의 십일조는 드리되 공의와 하나님께 대한 사랑은 버리는도다 그러나 이것도 행하고 저것도 버리지 말아야 할지니라(눅 11:42).

위 두 말씀은 비슷하나 핵심적인 부분에서 풍성한 내용이 담겨 있다. 마태복음에서는 '더 중한 바 정의와 긍휼과 믿음'에 대해서 말하고 있고 누가복음에서는 '공의와 하나님께 대한 사랑'에 대해서 말하고 있다. 그러니까 십일조라는 물질을 드리는 것보다 더 중요한 것이 정의, 긍휼, 믿음,

공의, 하나님에 대한 사랑이라는 것을 예수님은 강조하고 계시다.

하반절에 "그러나 이것도 행하고 저것도 버리지 말아야 할지니라"라고 말씀하시는데 이는 십일조를 반드시 해야 한다는 의미보다는 십일조를 하는 것은 좋은 것이니, 우선 순위를 지켜서 십일조도 하라는 의미다.

또한, 십일조의 용도는 크게 세 가지가 있었다.

첫째, 레위인들의 생계를 보장하기 위해
둘째, 구제와 봉사를 위해
셋째, 성전 유지와 보수를 위해

이를 오늘날에 적용해 보자면 십일조는 동일하게 사역자들의 생계를 위해서, 구제와 봉사를 위해서, 예배당 유지와 보수를 위해서 쓰인다고 볼 수 있다. 즉, 사용되는 용도를 보았을 때는 구약시대나 오늘날이나 비슷하게 사용된다고 볼 수 있다. 하지만 이를 드리는 이유와 마음의 동기는 크게 다르다.

구약시대는 십일조를 드려야 한다는 613개의 율법 중 하나를 지키기 위해서 드리는 것이었다면 예수님께서 율법을 완성하신 이후에는 율법을 지키기 위해서가 아니라 감사와 기쁨으로, 자원하는 마음으로 드리는 것이 물질에 대한 관점이 되었다. 실제로 신약에 와서는 십일조를 교회에 드렸다는 신약교회의 내용은 어디에도 찾아볼 수 없고 대신 연보라는 것이 생기게 됐다.

연보는 무엇인가?

자기의 재물을 내어 다른 사람을 도와주는 것으로 자원하는 마음이 핵심적인 동기다. 십일조에 관해서 이야기하면서도 결국에는 율법과 복음의 관점과 중심의 차이를 나누지 않을 수가 없는 것이다.

결국, 율법도 좋은 것이고 십일조도 좋은 것이나 이를 하는 이유, 마음의 동기가 지켜야 하기 때문인가?

아니면 지키고 싶고 하고 싶어서인가?

이에 따라 율법에 얽매인 구약적 방식이냐, 아니면 예수님으로 말미암은 복음적 방식이냐로 나뉘게 되는 것이다. 우리는 다시 구약으로 돌아가서 구약적 방식으로 십일조를 해서는 안된다.

> 무릇 율법 행위에 속한 자들은 저주 아래에 있나니 기록된 바 누구든지 율법 책에 기록된 대로 모든 일을 항상 행하지 아니하는 자는 저주 아래에 있는 자라 하였음이라(갈 3:10).

> 이제는 너희가 하나님을 알 뿐 아니라 더욱이 하나님이 아신 바 되었거늘 어찌하여 다시 약하고 천박한 초등학문으로 돌아가서 다시 그들에게 종 노릇 하려 하느냐(갈 4:9).

우리는 복음으로 말미암아 율법 조문에 얽매여서 살아가지 않는다. 오히려 예수 그리스도의 생명으로 말미암아 자유케 되었고 이로 인해 기쁨과 감사함 가운데 율법이 지키고 싶어지게 된 것이 바로 우리 그리스도인이다. 그래서 십일조 또한 동일한 관점으로 봐야 한다.

그렇다면 이런 질문이 생길 것 같다.

"그러면 십일조는 하지 않아도 되네요?"

그렇다. 하지 않아도 된다. 그러나 당신이 예수님을 진짜 구주로 고백하는 자라면 당신은 십일조라는 율법에 얽매여서 하지 않고 하나님을 향한 사랑과 감사의 마음으로 하나님 나라의 필요에 따라, 성도와 영혼의 필요에 따라 재물을 아낌없이 드리는 자가 될 것이다. 어떤 때는 그것이 10분의 1이 되지 않을 수도 있고 또 어떤 때는 10분의 2, 3 또는 10 전부를 드리게 될 수도 있다.

실제로 필자 또한 선교헌금만으로도 십일조 이상의 헌금을 매달 드리고 있으며 새로운 사역지로 가게 될 경우, 매번 첫 달 사례금 전부를 하나님께 헌금했다. 새로운 사역지로 인도하신 하나님께 대한 감사의 마음을 사례금 전부로 표현한 것이다. 모든 동기는 십일조라는 율법을 지키기 위해서가 아니라 하나님에 대한 사랑과 감사를 표현하기 위한 것이자 하나님 나라의 필요를 따라 드린 것이다.

당신이 MZ세대 청년인가?
믿음 따라 행하라!
십일조에 얽매이지 말고 연보 하라!
공동체의 필요, 성도와 동역자, 지체의 필요가 보일 때 믿음 따라 행하라!

10을 벌어서 그중에서 일부를 드리는 기계적인 종교인이 되지 말고, 내가 가진 것을 하나님 나라의 필요에 따라 아낌없이 드릴 수 있는 믿음의 사람 되기를 바란다. 그리고 나아가 기쁨과 감사함과 사랑을 표현하기 위해서 헌금하고 연보하기를 바란다.

당신이 교회 사역자인가?
재정이 두려워서 십일조를 강조하고 헌금을 강조하는가?
복음이 능력이다!

교회 안에 복음과 사랑이 회복되면 재정은 뒤따라오는 현상에 지나지 않을 것이다. 나아가서 교회가 각 사람의 필요에 따라 움직이는 용기를 냈으면 좋겠다.

십일조 봉투 없애 버리고 감사헌금, 구제헌금, 사역자헌금, 운영헌금 등 필요에 따른 헌금 봉투를 만들라! 그리고 크리스마스 때만 플로잉하는 소원트리 세우지 말고 365일 세워서 성도들이 서로의 필요를 채워줄 수 있는 문화를 만들라! 복음적 관점으로 성도와 공동체의 필요에 따라 연보할 수 있는 문화를 통해 사랑을 실천하는 교회가 되기를 소망한다. 그리고 자발적으로 하나님께 사랑을 표현할 수 있는 문화를 만들어 주길 바란다.

> 믿는 사람이 다 함께 있어 모든 물건을 서로 통용하고 또 재산과 소유를 팔아 각 사람의 필요를 따라 나눠 주며(행 2:44-45).

10. 사역자의 처우에 대하여

기준제시: 사역자의 필요에 민감하게 반응할 수 있는 성도가 되고, 성도들의 삶을 책임질 수 있는 영적 리더가 되어야 한다.

사역자의 처우에 대해서 말하기 전에 한번 물어보고 싶다. 교회의 중직자가 아닌 자 중에서 사역자의 처우가 어떤지 그리고 사역자의 처우가 좋지 않을 때 이를 개선하기 위해 움직인 자들이 있는가?

아마 없을 것이다. 실제로 필자가 성도로서 살아갈 때 목사님, 전도사님들이 얼마를 받는지 그리고 처우가 좋은지 좋지 않은지 별로 관심이 없었다. 생각해보면 이 영역은 내가 개입해서는 안 되는 영역이라고 생각했던 것 같다. 그리고 설령 개입한다고 할지라도, 내가 개입한다고 해서 변할 거라 생각조차 하지 못했던 것 같다. 이것이 아마 대부분의 성도 생각과 비슷할 거로 생각한다. 그렇다면 구약에서는 어떻게 사역자들의 처우를 책임졌는지 보자.

> 내가 이스라엘 자손 중에서 레위인을 취하여 그들을 아론과 그의 아들들에게 주어 그들로 회막에서 이스라엘 자손을 대신하여 봉사하게 하며 또 이스라엘 자손을 위하여 속죄하게 하였나니 이는 이스라엘 자손이 성소에 가까이 할 때에 그들 중에 재앙이 없게 하려 하였음이라 (민 8:19).

> 내가 이스라엘의 십일조를 레위 자손에게 기업으로 다 주어서 그들이 하는 일 곧 회막에서 하는 일을 갚나니(민 18:21).
>
> 이스라엘 자손이 여호와께 거제로 드리는 십일조를 레위인에게 기업으로 주었으므로 내가 그들에 대하여 말하기를 이스라엘 자손 중에 기업이 없을 것이라 하였노라(민 18:24).

위 말씀을 보면 하나님께서 레위인 곧 하나님과 사람에게 봉사하는 자들을 부르셨고, 이들은 이스라엘의 십일조를 통해서 생계를 꾸려나갈 수 있었다. 그리고 이들은 이스라엘 자손들이 가지는 기업을 가질 수는 없었다.

즉, 오늘날로 치면 목회자들은 성도들의 십일조를 통해서 생계를 유지했고, 오직 회막에서 하는 일 곧 예배를 섬기는 일만 해야 했다. 여기서 강조하고 싶은 핵심 내용은 레위인의 삶을 책임진 자들이 이스라엘 자손들이라는 것이다. 이를 오늘날에 비유하자면 목회자들의 생계를 책임진 자들은 성도들이었다는 것이다.

제3장에서 말했던 내용을 좀 더 깊이 있게 나눠보자면, 교회 공동체가 제 기능을 다하지 않아서 나타나는 현상이 바로 목회자의 이중직이라는 결과로 나타난 것이고, 신학생이 학업을 위해 돈을 버는 것도, 목회자들이 생계를 위해 돈을 버는 것도 사실은 다 성도들이 목회자의 삶을 책임져 주지 않았기 때문이라는 것이다.

한국교회 안에는 목회자는 청빈해야 한다는 생각이 깔려 있다. 돈을 벌기 위한 행동을 하는 것은 목회자의 덕목에서 적합하지 않은 행동으로 보인다. 즉, 사역자는 가난해야 한다는 생각이 사역자들 안에도, 성도들 안에도 당연한 것처럼 받아들여지고 있다는 것이다. 사역자들이 청빈해야 한다는 말로 사역자들의 가난을 알면서도 외면하는 것은 성도들이 사역자들의 삶을 책임지지 않겠다는 의미와도 같은 것이다.

사역자가 청빈해야 한다는 말은 사역자들 스스로가 말할 수는 있어도 성도들이 이야기해야 하는 영역은 아니다. 성도들은 사역자들이 재정적으로 빈곤한 상황일 때 오히려 반성해서 이들이 풍족하게 살아갈 수 있도록 도와줘야 한다.

필자는 지금 구약시대 때처럼 레위 지파와 다른 지파를 구분하는 것도 아니고, 신분에 따라 성도들이 사역자를 섬겨야 한다고 말하는 것도 아니다. 재정적 빈곤으로 힘들어하는 사역자들을 향해 청빈을 강요하며 살도록 하는 것은 교회가 사역자를 향한 무관심이요, 성도들 또한 사역자를 향해 무관심한 것이다. 이것은 비성경적이다. 진짜 성경적이라면 타인의 필요에 따라서 도와주고 섬기는 것이 성경적이고 이것이 교회다.

당신이 MZ세대 청년인가?

그렇다면 사역자들을 향해 관심을 가지며 그들의 삶이 어떤지 살펴보기를 바란다. 그리고 나아가 그들의 필요를 채워줄 수 있는 섬김의 자세를 가지길 바란다. 이것은 사역자를 향한 관심 이전에 공동체의 일원을 향해 사랑과 관심을 가져야하는 성도의 모습이다.

당신이 교회 사역자인가?

그렇다면 우선은 자신을 돌아보길 바란다.

진짜 전심으로 성도들을 사랑으로 섬기고 있는가?

레위인들이 자기 인생 전체를 걸고 예배를 위해서 살았던 것처럼 살고 있는가?

이를 먼저 바라보아야 할 것이다. 그리고 만약 현실을 믿음으로 이겨내기가 버겁다면 이중직을 해서라도 섬겨야 한다.

재정이 없어서 하나님 제대로 섬기지 못한다고 변명하지 말고, 현실에 얽매여서 온 맘 다해 사역하지 못한다면 돈을 벌어서라도 하나님을 섬기기 위해 발버둥쳐라!

바울이 필요에 따라 고린도 교인들을 위해 텐트메이킹을 했던 것처럼 말이다.

그러나 사역자의 길을 걷는다고 한 순간, 이미 재정의 주권은 하나님께 드리지 않았는가?

믿음으로 산다고 헌신했다면 현실을 뛰어넘는 믿음으로 살아가길 바란다. 청빈의 선택은 사역자만이 할 수 있는 특권이다.

한국교회가 마이너스 성장이라 말하지만, 이는 어떤 면에서는 맞고 어떤 면에서는 틀렸다. 시대적인 어려움이 있지만 이 땅의 영혼들은 세상 속에서 빛과 소금의 역할을 할 수 있는 영적 리더를 찾고 있다. 내가 그런 영적 리더가 되기 위해 주님 앞에 나아가 발버둥 치며 헌신된 삶을 먼저 살아간다면 하나님께서 성도들을 통해서건, 교회 제도를 통해서건, 하늘의 신령한 복과 땅의 기름진 복으로 당신을 먹이시고 입히실 것이다. 나 또한 그런 영적 리더가 되기를 소망한다.